大人になった
僕たちはどう生きるか

57歳・現役の中小企業診断士が
世界一周をして気づいたこと

松井洋治
Matsui Hiroharu

PHP

はじめに

まずは、この本を手に取っていただいたあなたに心から感謝を申し上げます。私は、横浜で小さな会社を経営する中小企業診断士の松井洋治《ひろはる》と申します。１９６５年生まれの58歳です。

29歳だった１９９５年、バブル崩壊後7年間勤めた証券会社を辞め、パソコン出張指導で独立しました。以降、中小企業のＩＴ活用支援、加えて近年は中小企業診断士として20名以下の中小企業に特化した経営支援（働きがい改革・理想の会社を創る専門家）を行っています。

そんな私が、20年前に人生で必ず実現させると決めた夢がありました。それは、「世界一周の旅」です。結果的に20年かかってしまいましたが、ようやく57歳だった昨年（２０２３年）、多くの方のお力添えで１０５日をかけて実現することができました。これも、いわゆる自己実現の一つだと思っています。

実現までに20年の時間を要した背景には、とても順風満帆だったとは言えないこれまでの30年の半生があります。リーマンショック、東日本大震災、そしてコロナ禍《か》……。わずか10年の間に一度ずつ、１００年に一度とも言われるほどの未曽《みぞう》有の危機に直面しました。一時は、１００円のお金を使うのも怖かったことを思い出します。そして、今でも決して安心できる状態とは言えないのが実情です。

そんな私が今回、夢だった「世界一周の旅」を行った目的は、「挑戦」です。マインドセットを変えるためには、これまでできなかったことに挑戦するという行動自体が必要だったのです。ただ当初は「目的を持たない旅」「大人の電波少年」などと揶揄《やゆ》されたり冷やかされたりもしたものでした。

ところが旅の最中にＳＮＳで状況を発信したり、帰国後に報告会を行ったりしているうちに、好意的な声が聞こえてくるようになりました。次のような点が評価されたようでした。

・若者でもリタイア後でもない、まだ現役世代真っ最中の57歳での旅
・経営者にもかかわらず、１０５日もの期間を空けての旅
・誰もが憧れる、「世界一周」という自由の象徴のような旅
・単なる旅行というより、人生を切り開くヒントを見つけるためのような旅

帰国後に報告会だけではなく、時には街で出会った人にも私が経験した旅についてお話ししたこともありました。そんな時に皆さんが共通して仰《おっしゃ》ることがありました。

「自分も行動しよう」
「もっとやりたいことをやろう」
「なんか、自信がついた。自分でもできる」

このように思われたそうです。決して「世界一周」に限った話ではなく、その方々が今までやりたかったことや、やろうと思っていたが躊躇《ちゅうちょ》していたことだと思います。私は旅に出ることを決断した際、そして旅の最中の色々な場面で、これまで私の人生を制限してきた「囚《とら》われ」から自らを解放し、結果として「世界一周」を通じて今後の人生の糧《かて》となる「気づき」を得ることができました。それらの「気づき」は私の財産になりましたが、そんな貴重な体験・経験と旅で得た「気づき」を共有することが、周りの人々や社会に対する恩返しになると考え、今回筆を執《と》らせていただきました。

この本でお伝えしたいことは、見落としてしまっている日本の素晴らしさを海外の国々から学ぶことと、その日本ならではの強みを生かせば幸せな人生を実現できることです。中小企業診断士として活動してきた私が学んだことの大半は、「成長の原点は、強みを生かして、弱点を克服すること」でした。

私が旅で得た「気づき」が、私たちは今後どう生きていくのかという課題の解決の一助になれば幸いです。

私の経験が皆さまの人生のお役に立つことを願います。

どうぞ最後までお付き合いくださいませ。

松井洋治

目次

第四章　ヨーロッパの光と影

第五章　不安と期待が交錯する南米

第六章　悩める中央アメリカ

第七章　成長と発展の限界。病める大国・アメリカ

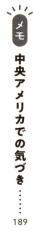

終章　帰国後も〝旅〟は続く

※文中の日付・時間は全て現地時刻

105日間世界一周　旅の軌跡 2023年４月26日～８月８日

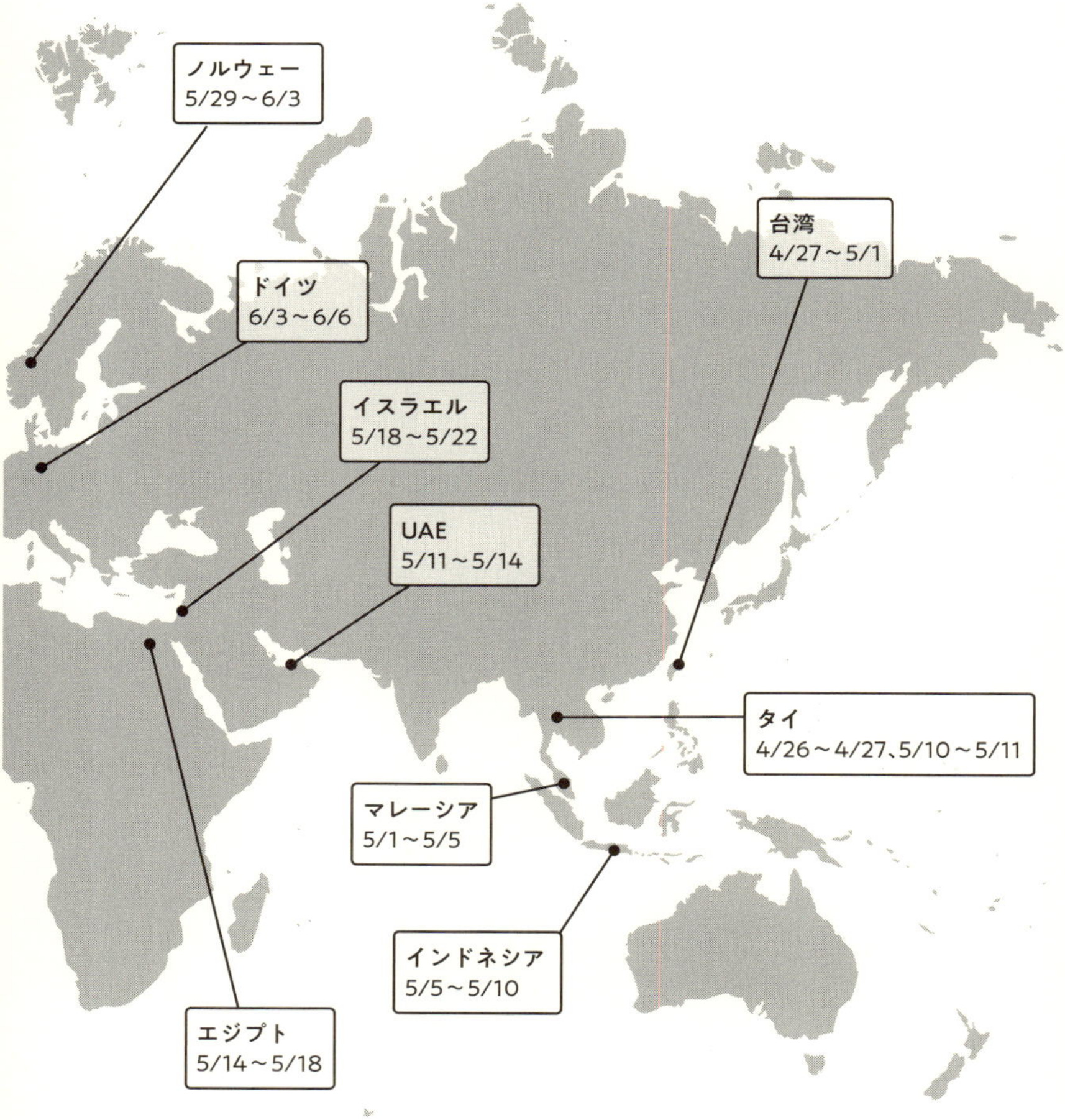

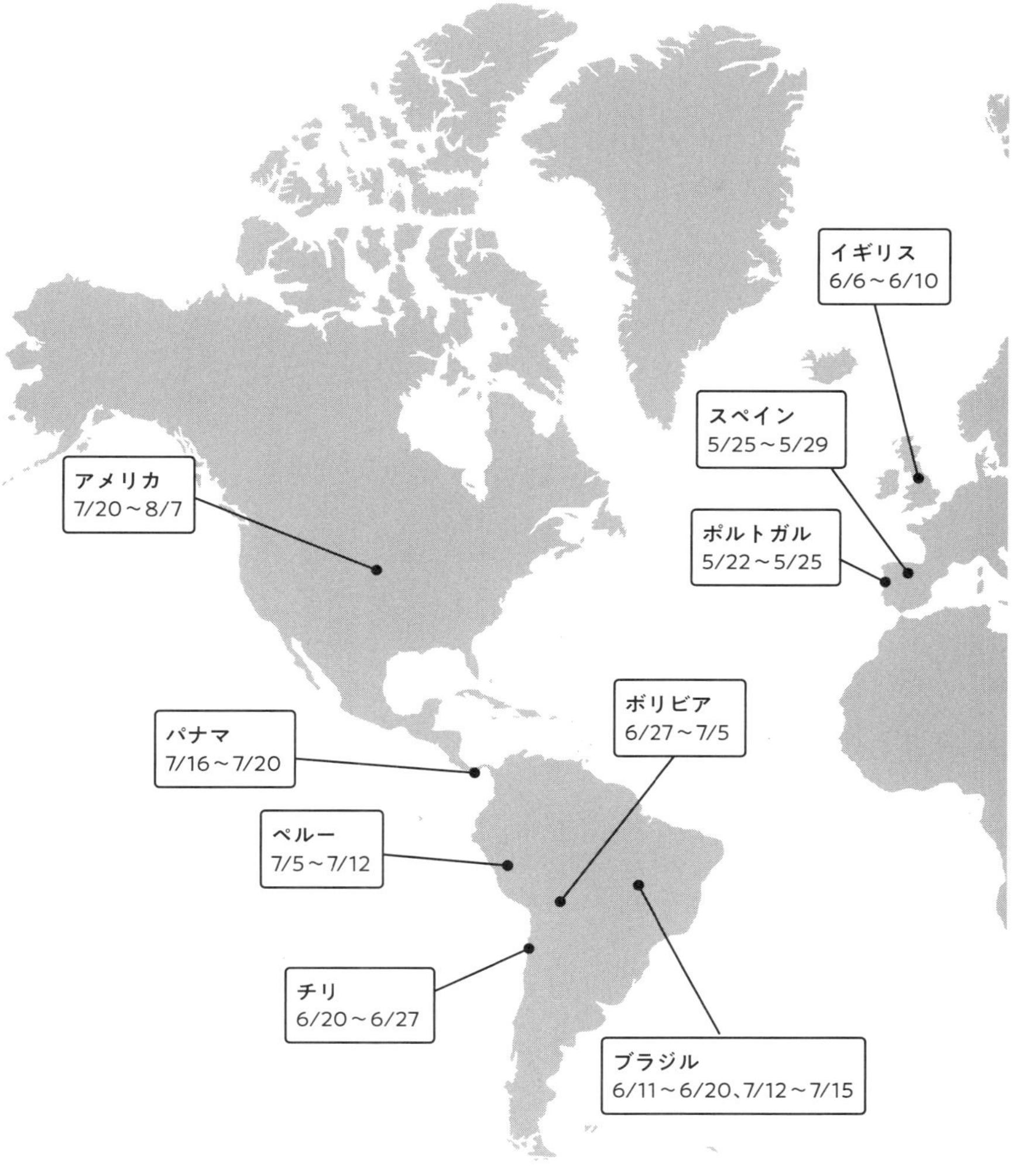
イギリス
6/6～6/10
スペイン
5/25～5/29
アメリカ
7/20～8/7
ポルトガル
5/22～5/25
ボリビア
6/27～7/5
パナマ
7/16～7/20
ペルー
7/5～7/12
チリ
6/20～6/27
ブラジル
6/11～6/20、7/12～7/15

初章 世界を目指す！

日本

人口	1億2434万人（2023年11月）
首都	東京
面積	約37万8000平方km
通貨	日本円（JPY）
言語	主に日本語
宗教	神道、仏教、キリスト教など
名目GDP	4兆2129億米ドル（2023年）
1人当たりの名目GDP	3万3806米ドル（2023年）

※人口は総務省統計局HP、面積は外務省HP、宗教は文化庁『宗教年鑑 令和４年版』、GDPはIMF統計より

57歳、まだまだ現役。挑戦の旅へいざ出発！

私が初めて海外を旅したのは、19歳の時。まだ1米ドル（以下、ドル）が２４０円だった頃だ。グアムへの１週間の一人旅だった。多少怖い思いもしたが、刺激的で面白かった。その後もそれなりの頻度で気楽に海外へ一人旅をしていた。ただ、旅が趣味と言えるほどではなかった。

大学を卒業して証券会社で働くようになり、29歳の時に退職して自分の会社を興《おこ》し、家族も持った。海外出張や家族旅行に出かけることはあっても、気楽な海外一人旅をするような時間はなかなか取れずにいた。

そんな私が、なぜ57歳にして世界一周に旅立ったのか。

世界一周の旅を初めて意識したのは、かれこれ20年前。あるセミナーに参加した際に、同じグループの人から「世界一周周遊券」の話を聞いた時のことだった。そのセミナーの参加者の中に、何人か世界一周を体験した人がいた。船のケースが多かったようだが、飛行機で行く方法としてこのチケットの存在を教えてくれた。１年間有効で16回飛行機に乗れる夢のチケット。いくつかの制限があるが、とても便利でお得なチケットだということは分かった。まさに人生の楽しみであり、醍醐味《だいごみ》の一つだと思い、強烈に記憶に残っていた。今すぐは行けないが、いつか必ず行くと心に誓った。
ただ、そこから実現までに約20年もの時間がかかってしまった。

私の名前は、松井洋治。「ようじ」ではなく「ひろはる」と読む。「太平洋を治める」という意味で名付けたと、30歳を過ぎた頃に初めて父から打ち明けられた。留学をしたことはなかったし、英語が特に得意というわけでもなかったが、海外へ出ることは常に意識していたので、その話を聞いても特に抵抗はなかったことを覚えている。

世界一周への思いを強めたのは２０１０年。資格試験挑戦3年目の時だった。勉強嫌いで幼い頃からろくに勉強をしてこなかった私だったが、その頃人生で初めて本気で資格試験に挑戦していた。挑んでいた資格は中小企業診断士。仕事仲間たちから「松井さんを人に紹介しやすいように、何か看板になるような資格を取得してくれるといいんだけど」と言われ、挑戦を始めていた。予想はしていたが、国家試験でかつ一応難関資格なので、簡単にはいかない。モチベーションを上げるために、無事に資格を取得できた暁《あかつき》には自分へのご褒美として世界一周の旅に出かけることをイメージして、それを絵として描いた。疲れた時に視界に入るように、その絵は自宅の壁に張っていた。

結果的に中小企業診断士の資格は取得できたのだが、そこから5年、つまり取得までに通算８年もかかってしまい費用もかさんでしまっていたので、合格のご褒美に世界一周と

資格試験挑戦当時に、モチベーションを上げるためのビジョンとして描いた絵

いう感じではなくなってしまっていた。

次に意識したタイミングが、新型コロナウイルス感染症の騒動真っただ中の２０２０年。私が参加している、ある経営者の会で役職の重責が回ってきた時だった。ただでさえコロナ禍で仕事がままならないところに加え、さらなるプレッシャーがかかっていた。新たなマインドセットの設定が必要だった。そのためコロナ禍もある程度落ち着き、会の重責も終わっているであろう時期に、世界一周の旅へ出ようと考えたのだった。色々と考えた結果、２０２３年４月出発に目標を設定した。今度はイメージだけではなく、行きたい国とルートを具体的にリストアップして、日付も入れて紙に書いてまた壁に張った。

今度はどうしても世界一周がしたい。そのため、次の三つを徹底して実践した。

① 目標設定を行い、ビジュアル化する

② 世界一周周遊券を取り扱っている旅行代理店「世界一周堂」のセミナーに参加する
③ 出発約1年前から、「世界一周の旅に行く」と人前で公言する

前述の通り①については具体的なルートをビジュアル化していたのだが、その時点ではコロナ禍で仕事もなく、自ずとお金もなく、経営者の会の役職を務める重責で時間もなく、子供は受験を控えていてしばらく海外に行く機会もなかった。普通なら、こんな時にこんな旅は設定しないと思う。行けるとか行けないとかは考えていなかった。今思えば、好奇心だけで現実逃避的に目標設定をしていた部分もあったかもしれない。ただ、②も進めていたし、③についても会う人に宣言して回っていた。今さら止めるわけにもいかない。

随分甘い目標設定だったが、気づけば2023年を迎え、設定した出発日は3カ月後に迫っていた。

旅の準備は進んでいなかった。しかし人の見本にならなくてはいけない年齢であり立場でもある私があえて「世界一周の旅に行く」と言って回ってしまっていたため、旅を中止できるはずもない。どうすべきか考えた結果、「世界一周堂」のコーディネーターである小林永遠《とわ》さんに旅の具体的な計画を依頼した。今ではその依頼は受け付けていないそうだが、運が良かった。小林さんからもらった回答は十分実現可能な計画で、私の希望も大体

叶《かな》ったスケジュールだった。

はるか先に思えていた旅の準備が、自然に整っていった。航空会社のマイルがよく貯まる新しいクレジットカードが届き、出発1カ月前に世界一周周遊券約100万円を決済した。ギリギリのタイミングだが、旅の準備が進んでいく。当時、日本はまだコロナ禍の様相を呈し大半の人がマスクを着けていて、アメリカもワクチン接種証明がなければ渡航を許されない。そんな時期だった。この旅に本当に行くのだろうか？　自分でも半信半疑だったが、旅を中止する理由も見つからない。もう、行くしかない。

思えばこの頃から、「願えば、叶う」を意識し始めていた。私の世界一周の旅の中で「願えば、叶う」はキーワードとなっていくのだが、その過程は旅での経験を紹介する中で明らかにしていきたい。本当に欲しければ、何事も可能だ。世界一周という挑戦を通して、この真理を私は学んでいくことになる。

仕事や家族はどうした？

旅に出る1年前から「世界一周の旅に出る」と公言していた私だったが、なぜかその話をする度にいつも同じような質問を受けていた。

大きく分けると、次の五つの質問だった。

①　お金はいくらかかるの？
②　誰と行くの？　言葉はどうするの？
③　仕事は大丈夫？
④　目的は、何？
⑤　奥さんや家族は大丈夫？

内心では「世界一周ってどうやって行くの？」とか「どんな国を回るの？」という具体的な質問を期待していたのだが、そういったことは聞かれない。この時は理由が分からず、悶々《もんもん》としながら出発するのだが、この質問の理由が世界共通の課題であることに旅を通して気づくことになるとは、この時点では想像も付かなかった。

なおこれらの質問に対する、出発前時点での私の回答を記しておきたい。①についてはこの後各国でおよその宿泊費、食費などを記していくので、それを回答としたい。②への回答は当然一人旅ということになるが、旅の途中で色々な出会いがあった。それもこの後の旅の様子をご覧いただきたい。言葉は、英検4級レベルの私の英語と、「ポケトーク」

という翻訳機を使うことで何とかなる見込みだった。

そして③の仕事については、完璧な準備ができて出発したとは到底言えない。しかし自分がいないと業務が回らない仕組みにもなっていない。優秀な人材に支えられて成り立っている弊社のビジネスモデルだが、それでもバラバラにならないのは目的（ミッション）の共有ができているからだと信じている。「働き方改革」ではなく「働きがい改革」が実現できていたこともあり、私が3カ月間旅に出ても、何とかなるだろうという自信もあった。それにＩＴ技術が発達した今、海外にいてもメールなどでクライアントとやり取りもできるし、必要とあらばＺｏｏｍなどでオンライン会議も可能だ。

また④の旅の目的だが、私にとっては人生の目標であり、「挑戦の旅」だった。そのため、これまでなら遠慮したり怖気《おじけ》づいたりしてしなかったようなことにも積極的に挑んでいこうと決めていた。結果的にこれが功を奏した。「挑戦の旅」は新たな発見をいくつももたらしてくれただけではなく、私の今後の人生にも大きく影響することになった。

最後に⑤の家族について。この件についてのポイントは二つ。一つは家族と言っても、ＶＩＰ待遇の最重要顧客は奥さん。奥さんを押さなければ、何も始まらない。とは言え、ローマは一日にして成らず。ちょっとスパンの長い話になるが、そもそも自分に合った奥さんを選んでおくことが大切だ。人には二つのタイプがあり、一人でいることが大丈夫な人と、一人がダメなタイプの人がいる。私のような自由人は一人でいられないタイプの人を選ぶのはNG。もしあなたの奥様が後者のタイプである場合は、一緒に旅を楽しむ計画を立てるのが吉だ。我が家の奥さんは、一人でいるのが大丈夫なタイプ。なので、まずそこはクリアー。子供たちは基本奥さんの意見に左右されるので、そこも問題がない。

そして二つ目のポイントは、家族を巻き込むということ。今回の旅は、家族の旅でもある。私には息子と娘が一人ずついるのだが、息子はヨーロッパで1カ国のみ同行しようということになった。ノルウェーが第一希望だったが、タイミングがズレると別の国になるかもしれない。そして娘は最後にハワイで合流。奥さんは仕事と予算の関係でどこにも来られなくなってしまったが、旅を支えるパートナーとしてご参加いただいた。人生100年時代の切り込み隊長として、家族を代表して私がこの旅を実現させることになった。家族のリーダーとして私の夢に家族を巻き込むことで問題をクリアーできたと信じたい。いや、信じている。

そして2023年4月26日、世界一周に向けて私は東京・羽田空港を飛び立った。私のこれからの人生を大きく変える旅になるのだが、この段階ではそんなことは知る由もなかった。

第二章 成長するアジアの思考

台湾

人口 2342万人(2024年1月)
首都 台北
面積 3万6000平方km(九州よりやや小さい程度)
通貨 新台湾ドル(TWD、2023年6月当時は1TWD＝約3.5～4円)
言語 中国語、台湾語、客家語など
宗教 仏教、道教、キリスト教
名目GDP 7608億米ドル(2022年)
1人当たりの名目GDP 3万2625米ドル(2022年)

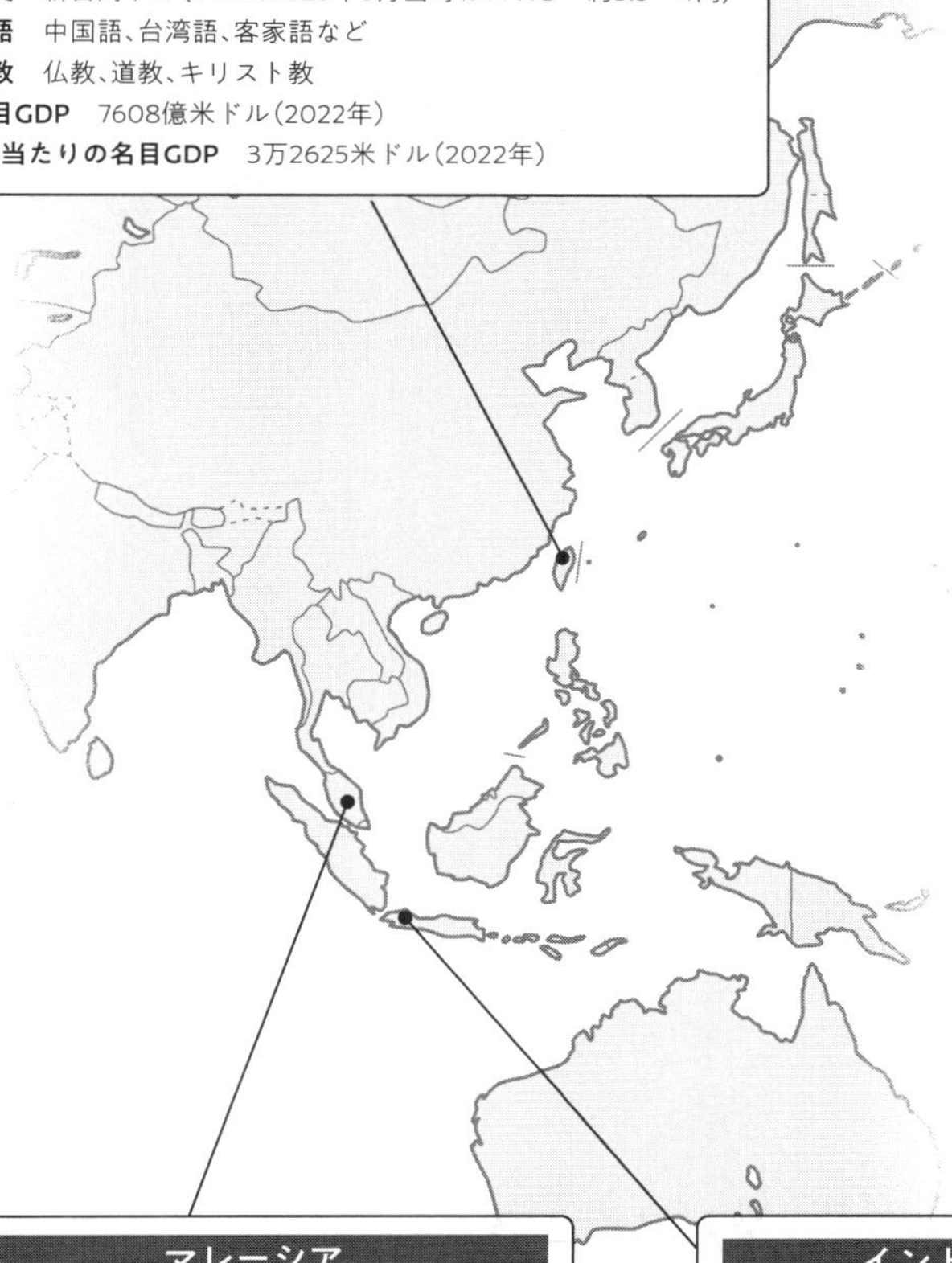

マレーシア

人口 約3350万人(2023年)
首都 クアラルンプール
面積 約33万平方km(日本よりやや小さい)
通貨 マレーシアリンギット(MYR、2023年6月当時は1MYR＝約27～28円)
言語 マレー語(国語)、中国語、タミール語、英語
宗教 主にイスラム教。他に仏教、キリスト教、ヒンドゥー教など
名目GDP 1兆8226億マレーシアリンギット(2023年)
1人当たりの名目GDP 1万3382米ドル(2023年)

インドネシア

人口 約2億7000万人(2020年)
首都 ジャカルタ
面積 約192万平方km(日本の約5倍)
通貨 インドネシアルピア(IDR、2023年6月時点で1IDR＝約0.0075円)
言語 インドネシア語
宗教 主にイスラム教。他にキリスト教、ヒンドゥー教、仏教、儒教など
名目GDP 1兆584億米ドル(2020年)
1人当たりの名目GDP 約4350米ドル(2021年)

※外務省HPより。ただし各国通貨の日本円との為替レートは筆者調べ

宿泊費高騰の洗礼

〜台湾・台北〜

いよいよ世界一周の旅がスタートした。まずは、アジアから。羽田空港からタイのバンコクに飛び、そこで1泊。次は台湾の台北で4泊し、続いてはマレーシアのクアラルンプールで4泊。さらにインドネシアのバリ島で5泊した後、ドバイへ進む予定だ。ルートを考えると最初のバンコクが不自然なようにも感じるが、これは購入している航空券のルールのため。最初にバンコクに入ることで、費用が抑えられる仕組みになっているのだ。アジアから中東、ヨーロッパと巡り、その後は南米から北米にかけて進み、最後にハワイに寄って帰国する予定だ。

今回の旅は2種類の航空券を組み合わせて使う。一つ目は、世界一周周遊券。これは約100万円で購入したもので、1年間有効。ビジネスクラスにも16回乗れる。ただし、同じ空港から乗り継がなければならなかったり、太平洋と大西洋を渡る必要があったりと、いくつかの縛りがある。そのため、この世界一周周遊券はそのエリアのハブとなる空港まで行くのに使い、そこから周辺国に向かう短い区間は、格安航空券を使う方が得策になる。そこで安いLCCの航空券も組み合わせて用いることになる。このLCCの航空券が二つ目だ。

つまり、アジアでのハブとなる拠点がバンコク。バンコクから台湾やインドネシアを周り、その後はバンコクからシンガポール経由でドバイへ向かうことになる。そのため実質上、最初の訪問地は台湾の首都・台北である。

台北では、現地に住む知人のユミさんにお世話になった。台湾人と日本人のハーフである女性だ。

台北には、成田空港と羽田空港のような関係性の二つの空港がある。私は成田空港にあたる台湾桃園国際空港に降り立ち、そこでユミさんのピックアップを受けた。なんと彼女は最新型のポルシェで現れた。

「ひぇ〜、旅の初《しょ》っ端《ぱな》からエキサイティング」

そんな私の内心を知ってか知らずか、ユミさんは早速台北の街並みを車で走り、見せてくれた。台北では4泊の予定。ただ、ホテルは2泊しか予約していない。残りの2泊は最初のホテルに宿泊してみて延泊するか、問題があれば他に移動するつもりだった。

しかし、それが後で大変な事態になるとは想像もしていなかった。

初めての街でのホテル選びは、意外と難しい。外観や客室はウェブサイトを見ればいくらでも写真が並んでいる。しかし、立地についてはウェブサイトだけでは何とも言えない。立地は、色々な要素が絡み合う。行きたい場所への交通面、治安面、空港からの距離、それに伴う価格面など……。失敗すると、怖い思いやガッカリ体験を味わうことになる。

台北は、タイに続いて2カ国目の滞在場所。タイのバンコクでは、観光をせずに移動の拠点としてだけの利用を想定していたので、空港近くの安くて綺麗目のホテルを選んでいた。周遊本番となる台北では、ユミさんのお世話になる関係もあってどの場所が良いのか事前には分からなかったので、外観や客室の見た目と価格のバランスの良さそうなホテルを選んだ。台湾では4泊するつもりだったが、先に2泊だけを予約して問題なければ延泊するつもりだった。しかし、思うようにはいかなかった。

その理由は追ってお伝えするとして、まずは台湾について。私の台湾のイメージは食と半導体。それに自転車（GIANT）だった。ただ食については、以前と比べてそのイメージは強くない。日本で台湾のことが話題になるのは、中国との台湾有事が起こるのか、台湾も香港のように中国共産党の直轄とされてしまうのか、そんな時が多いだろう。

台北では、ユミさんに一通りの観光スポットに連れて行ってもらった。九份《きゅうふん》、台北101、国立故宮博物院、鼎泰豊《ディンタイフォン》、十分《じゅうふん》、夜市などだ。他にも日本についての考えや、彼女のルーツや恋人の話を伺《うかが》った。

世界は広い。知らないことだらけだ。

あっという間に2日間が過ぎた。泊まっていたホテルは立地も良かったので、延泊を考えていた。延泊の予約をしよう。ところがなんと、同じホテルなのに日本円で1泊約1万2000円だったのが約3万5000円に高騰している。そんなことがあるのか⁉

聞いてみると、その日は祝日と重なって3連休。そんなことは少しも考えていなかった。しかし、考えてみると日本でも同じこと。早速のピンチ。最初の滞在地からこの調子でいったら、宿泊にかかる費用は計り知れない。対応策を考えなくては。近隣や少し離れた同レベルのホテルを複数の予約サイトで探すが、価格帯は一向に変わらない。ユミさんに相談すると、「松井さん、1万円くらいの予算だとラブホテルしかないよ」と言われてしまった。あちゃ〜。せっかくの旅なのに、いきなりそれも嫌だな。他に何か手段はないか。探してたどり着いたのが、Airbnb。いわゆる民泊サイトだ。一般の住宅を中心に個人や小規模な企業が所有している部屋を貸し出すという、今人気のサービス。そこを見ていると、好立地の場所で一部屋貸してくれる人がいる。若い女性のようだが、投資目的なのか、予算と立地は申し分ない。少し不安でもあるが、せっかくなのでAirbnbを初体験してみよう。そもそもこの旅は、挑戦の旅。ある意味ドキドキだけど、これが旅の目的だし、それが醍醐味。そんな思いで予約をしてみた。ホテルみたいに希望すれば誰でも泊まれるシステムではない。受け入れ側も泊まる相手を選べるシステムだ。

良くできている。態度が悪ければ貸し手借り手双方に評価が付くので、次回以降にデメリットが生じる。スタート当初はトラブルが多かったらしいが、数々の改良を加えて現在のスタイルで世界的に広がっているようだ。17時に着くようにユミさんに送ってもらい、

テリスさん（右）とキャサリンさん（左）

台湾を発つ時にはまた空港まで送ってもらう約束をして、別れた。しばらくはユミさんを解放しないといけない。2泊ほど自立の旅が始まる。

私を受け入れてくれた部屋のオーナーは、若いご夫婦だった。部屋は、好立地のマンションの中の一部屋。マンション入口にキーボックスがあって、そこにあった鍵を使って鍵を開けて中に入る。そこで、若い夫婦が私を待っていてくれた。テリスさんとキャサリンさんの夫婦。彼らは台湾人だが、欧米風の名を名乗っている。お互いの自己紹介を英語でして、部屋に案内される。私はジョージと自己紹介した。私の名前は「ようじ」とも読めるため、それをもじり昔から外国人相手には「ジョージ」と名乗ることにしている。

私が借りたのは、四畳半から六畳程度の部屋。一通りのものが用意されているが、風呂やトイレは共有。冒険、挑戦の旅にはぴったりのシステムだ。

到着したばかりの時は勝手も分からずにいたが、印象的だったのがオーナー・テリスさんによるウエルカム・ソングのご披露。リビングに置いてあったギターを片手に「ウエルカム・ジョージ!!」と歌ってくれた。ちょっと照れ臭いが、結構そういうのが好きな自分がいた。

歌が終わるとオーナー夫婦と少し一般的な会話をし、夜の台北の街に繰り出した。夕食にウナギを食べた後、夜のとばりを楽しんでみる。日本にもありそうなスナックのような、バーのような、日本人が行きそうな類《たぐい》のお店を見つけた。日本語で呼び込まれたので、入ってみる。カラオケとお酒を楽しめるお店だった。もしかすると、他にも何かあるのかも……?

1時間ほどそこで楽しんだ。お約束ともいえる「誘惑」があったが、何とか振り切って宿へ帰った。やっぱり、自らを律するルールが必要だと感じた。そこでできたのが、次のルールだ。

ルール1　誘惑には負けない。女性と土産は買わない。スーツケースいっぱいの土産話

を持って帰る。

ルール2　人の目を気にしない。羞恥心《しゅうち》を捨てる。

この二つのルールである。厳密に言えばルール2ができたのはもう少し後なのだが、このルールに何度となく救われることになった。

翌日の最終泊の日は、ゆっくり起きて街を探索。近くに大きな公園もあり人々が休日を楽しんでいた。夕食を一緒に食べようと、テリスさんとキャサリンさんを誘ってみた。彼らは少し照れながらOKをしてくれた。お店の予約を頼んだが、祝日だったため彼らが希望したお店には入れなかった。そのため、食材を買って来てもらい部屋でパーティーを行うことになった。

会話は英語と、困るとポケトークとスマホの翻訳を使った。テリスさんは37歳、キャサリンさんは27歳。10歳違いの、結婚してまだ間もないご夫婦。宴《うたげ》は、2時間程度続いた。数ある記憶に残る会話の中でも、「日本のどんなところが好きか？」の質問に対するキャサリンさんの回答が今でも深みを増している。

彼女の言葉は、翻訳では「生活様式」と訳された。その時は「ふ〜ん」としか思わなかった。しかし日を増すごとに、そこには深い意味があると感じ出している。単純に生活水準や生活様式に憧れるほど、彼らは浮わついていない。彼らは、自分たちの世界観を持っている。その中で日本人固有の考え方や価値観に違いを感じているのだろう。そんな

台湾のラストは、ユミさん（左）と彼氏（中央）に空港まで送ってもらった

ことを旅の後半や帰国後に、感じるようになった。

彼らとは、今でもＬＩＮＥでやり取りをしている。２０２４年中に、台湾で彼らと再会したいと思っている。予期せぬ出会いに対する幸せを感じつつ、台湾最終泊が幕を閉じた。

翌日は連休だったこともあり、カッコいい彼氏を連れたユミさんが私をピックアップして、そのまま空港まで送ってくれた。彼は台湾のセキュリティ系のＩＴ企業に勤務する、いかにもやり手そうなビジネスマン。オープンマインドでゴルフが好きな彼と「再会する時はゴルフを一緒にしよう」と約束して別れた。一つ興味深かったのは、彼が日本に来る時は、中古品のゴルフショップに行くらしいということだ。台湾にはそのシステムがなく、日本の品揃え豊富な中古ショップは、魅力的らしい。

お世話になった彼らと台湾の土地を離れた。

活躍する在外日本人　～マレーシア・クアラルンプール～

台湾に4泊した後、向かったのはマレーシアの首都・クアラルンプール。訪れるのは初めての街だ。

マレーシアの一人当たりの名目GDPは日本と比べるとはるかに低いのだが、成長率は日本よりはるかに高い。まさに伸び盛り国家と言える。マレーシア経済は資源と製造業に支えられていて、特に半導体などの分野で世界市場における競争力を持っている。

この土地でも、人生を変える数々の経験が待っていた。

実は、世界一周の旅の出発前日まで、広島でワークショップに参加していた。元々出発前の3日間は準備に充てるつもりで予定を入れずにいたのだが、人とのご縁は突然やってくる。以前から噂《うわさ》を聞いていた著名な作家さんでカウンセラーの小倉広さんとランチを共にする機会に恵まれた。小倉さんは私と同年生まれとは言えアドラー心理学の大家であり、数々のヒット作を生んでいる売れっ子のカウンセラーでもある。そんな彼とランチを共にしている最中に、彼の推奨するワン・オン・ワンのワークショップにお呼びがかかった。

予定を見てみると、出発直前の3日間。ちょうど空いている。とは言え、出発直前。さあ、どうする。意思決定のタイミング。「え〜い。ここは流れに任せてみよう」。その場で参加を決意した。これがまた、この旅と人生を変えるきっかけになる。

話は戻る。台湾からクアラルンプールへの移動は夜になった。

台湾での延泊ホテル高騰事件を踏まえ、滞在する4泊の宿泊先を一気に予約した。ヒルトン・ガーデン・イン・クアラルンプール。ヒルトン系なら多分立地もまあまあ安全で、ホテルも一定レベルだろうと推測し、同等クラスのホテルの中では若干高めだが確実性を期待してのことだった。しかし、着いてみると期待は大きく裏切られる。部屋の広さは無駄に広く、なんと窓がビルの内側に向いており日中でも陽がほとんど入らない設計になっている。あちゃ〜。またしくじった。ここに4泊するのは辛い。どうしよう。

気を取り直して翌朝フロントに交渉に行こうと決意する。もちろん英語だ。俺の英検4級レベルで勝負に出る——そんな決意の下、夜が明けてまずは朝食会場へ行く。ビュッフェスタイルの朝食。まあまあの品数を美味《おい》しくいただく。ふと周りを見ると、マネジャーらしき男性がテーブルを巡って宿泊客に声を掛けている。彼が私の近くへやってくる。今こそチャンス。思わず言葉が飛び出す。

「I want to window. I need window. Please change room.」

一瞬驚いた顔をした彼の顔に笑みが生まれた。通じている。彼は、私にこの後フロントに行くように勧めた。

食後早速フロントへ行って部屋番号を伝え、再度「Please change room.」と伝えると、新しい部屋の鍵が用意されていた。その鍵を持って部屋へ行くと、驚くほど綺麗な景色が私を待っていた。

最高だ。追加費用の話もされていない。多分、このままで大丈夫だろう。そう確信していた。なんだか自分が一回り大きくなった気がした。

これがきっかけで「人の目を気にしない。羞恥心を捨てる」という前述のマイルールの二つ目ができた。このルールにより旅の充実度がどれだけ変わったか、計り知れない。人は、気持ち一つでいくらでも変わることができる。そのことを実践できた瞬間だった。

そこからもミラクルは続く。

日本で出発直前まで参加していたワークショップでも、多くの仲間との出会いが実現していた。そこで私は、世界一周の旅を実行することを宣言していた。そんな出会いが、ここでも広がる。ワークショップに参加していたある女性から連絡があり、クアラルンプール在住の日本人男性を紹介してもらえることになったのだ。そしてこの出会いが、この旅の価値を何倍にも上げることになった。

彼の名前は玉田智士《さとし》さん。日本からマレーシアに移り住んで、飲食関係のビジネスを展開している。実家は兵庫県で飲食店を経営しているそうだが、幼少の頃に彼はほとんど休みなく働く両親の姿を見て、飲食店だけはやるまいと決意し美容師になる。その後、美容の延長線上にある健康に注目し、食と健康にビジネスの軸を移した。そんな時に起きたのが、阪神・淡路大震災。地震が原因で起こった火災により、実家が全焼してしまう被害に見舞われた。

玉田さんは実家を立て直すべく立ち上がり、飲食関係の商売を復活させ

新しく用意された部屋からの街の風景。羞恥心を捨てるだけで、旅の充実度が大きく変わる

会食中に玉田さん（左）と記念撮影

る。その後、海外展開と国内のビジネスを行ったり来たりする中で、今のマレーシアでの飲食ビジネスにたどり着く。ターゲットは世界中だそうだ。コロナ禍で劇的に変化している飲食業界の荒波の中で、見事に対応している。

そんな彼がクアラルンプールを案内してくれた。その後、食事の席で玉田さんの口から出た言葉があった。

「幸せすぎて、ありがとう」

数々の困難を乗り越えてきた玉田さんから、自然に出た言葉だった。私は思わず反応した。

これまで「幸せすぎて、ごめんなさい」と言う人はいたが、素直な気持ちで「ありがとう」と続けられる玉田さんを心から尊敬した。そして自分もそんな旅、そんな人生を送ることを決意した。

この言葉が私の中で日常化して、旅と人生が変化していくことになった。

マレーシアでは、観光と買い物を楽しんだ。

クアラルンプールというとまず思いつくものとしては、高層ビルとして知られるペトロナスツインタワーがある。1998年からしばらくの間は世界一高い超高層ビルであったが、2004年にちょうど台湾で見た台北101に記録を更新された。このビルはその名の通り二つのタワーから構成されており、それぞれが日本と韓国で建造され、間にある両ビルをつなぐブリッジの通路はフランスが施工したという面白いタワーである。余談になるが、クアラルンプールの物価は割安で、五つ星ホテルである「ザ・リッツ・カールトン・クアラルンプール」は世界一安いザ・リッツ・カールトン・ホテルとも言われているらしい。

クアラルンプールのショッピングでは、旅行カバンを購入した。日本を出発する際は、世界一周堂さんのオリジナルバッグに娘の中学校のスクールバッグをくくりつけて出発した。出発直前まで、荷物も詰めていなかった。荷物の準備は、この世界一周堂さんのバッグを購入しただけ。世界一周のプロ中のプロが作ったバッグだからと安心していたのだが、小さすぎる。機能面ではとても優れており、大きめのボストンバッグに二つのタイヤが付いていてキャリーバッグとしても使える。さらにリュックサックが上にジッパーでつながっていて、分けて使うこともできるし一体化したものを背負うこともできる優れモノ。

出発当時の荷物一式。紙袋はユミさんたちへのお土産で、長細い段ボールには趣味のゴルフ用品が入っている

しかしオールシーズンの衣類と生活用品を詰めるには容量が小さく、いざ出発するとずれたりして危険だと感じることも。そこで、予算は大きくオーバーして日本円で約5万5000円もしたが、別のスーツケースを購入することにした。深さがあるので荷物を入れやすく、入れた荷物を取り出す時も蓋《ふた》をジッパーで開くだけなので場所を取らない優れモノだ。

それにしても、玉田さんと食べたマレーシア名物の肉骨茶（バクテー）が恋しい……。

知り合いの家族に会いに行く
~インドネシア・バリ島~

4カ国目は、インドネシアのバリ島。バリ島を訪れた理由は、ビジネス交流会で知り合った佐竹信恭《のぶゆき》さんに会いたかったからだ。佐竹さんは今、日本から移住してバリ島住まいだ。

バリ島は、インドネシアを構成する島の一つ。バリ島の人口は2023年時点で推定約430万人。面積は約5780平方㎞で、九州の15％程度に相当する。国としての公用語はインドネシア語だが、ここでは地域言語としてバリ語が使用されている。

また宗教もインドネシア全体ではイスラム教が主流だが、ここではヒンドゥー教が主流。バリ島は「神々の島」とも呼ばれ、世界中の観光客を魅了するリゾート地として知られている。文化的独自性、美しいビーチ、サーフィン、ダイビングスポット、豊かな自然、伝統的なダンスや音楽、彫刻や絵画などの芸術が特徴的。デンパサールがバリ島の経済の中心地だとすれば、文化的中心地はウブド。ウブドには多くのアートギャラリー、工房、美術館がある。あえて開発を加えない田舎文化が売りの島だ。

九州の15％程度とは言えバリ島は広いので、3カ所に宿を取った。それぞれに個性のある町で、バリの奥深さの片鱗を垣間見た旅になった。

最初に訪れたのが、サヌール。佐竹さんのご家族はここに住んでいる。

佐竹さんの家族は8年前の2015年頃バリに移り住んだ。学校卒業後、まるで戦士のように働き詰めだった佐竹さんは、ある時自分の人生を振り返ったという。身体《からだ》も壊し、このまま人生を終えてしまうのかと思ったところから、早くにリタイアをする計画を立てる。

そこで問題になるのが収入だ。佐竹さんは、持ち前のガッツで複数の収入源を得るための行動をとった。第二、第三の収入源も確保し、わずか10年で会社からもらう給料を超える所得を得られる仕組みを手に入れた。そして、ずっと続けてきたサーフィンを思いっきりやりたくてバリにやってきたのだ。

もちろんいきなりバリに住むのではなく、何度も家族でバリにお試し滞在を繰り返し、言葉や食事、気候などバリが居場所として適しているのかどうかを確認した。結果、お子さんたちも大丈夫だということで移住してきたのだった。


しかし、全ては簡単にはいかない。

言語習得の臨界期は5~6歳で、「9歳の壁」と呼ばれるものが存在するらしい。移住当時、壁を越えてしまっていた長男と壁の手前にいた長女とでは差が出て、長男は相当苦労したそうだ。そんな息子さんも今では高校生。当時のことを聞いても全然記憶にないようで、「全く問題なかったよ」と答える。今では、学校でも番長的存在で、サーフィンではすっかり親父超えを達成しているようだ。

そんな彼らと食事をする機会を得た私は、異国の地でたくましく生きる子供たち二人に聞いてみた。

「どこの国に行っても生きていけるんじゃない？」

二人の若者は、満面の笑みで「イエス」と答えた。彼らの経験した異国の地で乗り越えてきた言語の問題、異文化の中での人間関係の構築力は、一生の宝になっている。

バリ島の2拠点目はチャングー。

世界中の若者たちが集まる最近人気のスポットだと聞いて、行ってみたくなった。

今回のバリは、5泊の予定。まずサヌールで2泊し、続いてチャングーで1泊、そして残り2泊をウブドで過ごすことにした。

サヌールでお世話になった佐竹さん（左）と記念撮影

サヌールからチャングーへの移動は、佐竹さんに紹介してもらった日本語ができる現地ガイドの男性と旅を共にした。名前はパンデ。紹介を受けたサイトから彼にアクセス。しばらくすると日本語のメッセージが返ってきた。料金は、時間制。日本円で1時間当たり2000円程度。移動の車代としても安いくらいだ。

彼は34歳で、二人の娘を持つお父さん。コロナで大打撃を受けながらもガイドの仕事を継続している。彼は、私が宿泊しているサヌールのホテルに自慢の三菱製SUVで迎えに来てくれた。そこから移動しながらいくつかの観光地を巡り、チャングーまで送り届けてくれた。

彼は日本語がとても堪能《たんのう》で、移動中はずっとバリ島についての話や彼のこれまでの経歴を話してくれた。彼も私に興味があるらしく、同様に私の仕事の話や家族のこと、これまでの人生の失敗談を共有した。

彼とは年齢が20歳以上違うが、帰るまでにどれくらい仲良くなれるのだろうと思って話をしていた。結果、彼とも死ぬまで忘れられない仲間となった。

チャングーには1泊だけして、その後はバリ島の山側、文化的中心地でもあるウブドに向かう。チャングーではレストランで簡単な食事を済ませ、夜の街に出てみた。いわゆるクラブと呼ばれるスポットでは、若者中心に盛り上がっている。そこで一人で来ている一見変わった白人の女の子を見つける。試しに話しかけてみる。どうやらウクライナ出身の女の子で、バリに4年ほど住んでいるらしい。フリーランスで仕事をしているというが、内容まではよく分からなかった。趣味や仕事面で一点だけ理解できたのは、彼女はヨガの先生でもあるということ。

翌日は日曜日だったので、次の日の朝にヨガを教えに来てもらうことになった。ヨガなんてろくに習ったことはないが、これも旅の経験だと思いパーソナルレッスンをお願いした。ただ、もう深夜でお互いそれなりに酔っぱらっている。翌朝9時に約束したが、本当に彼女は来るのだろうか？　そう思いながらホテルに戻った。

翌朝9時、彼女は2枚のヨガマットを抱えてやってきた。なかなか律儀な人だなと思いながら、ヨガのレッスンを受けた。1時間ほどレッスンを受けた後、朝食を一緒にとった。そして彼女はウーバーのようなバイクの後ろに乗って帰っていった。

その1時間後、私は相棒のパンデを呼んでウブドに移動した。移動中にも彼が色々な観光スポットに案内してくれるが、あまり興味が湧かなかった。ビーチで空を飛んでみたり、ボートに引っ張ってもらったりしようと勧められたので少しやってみたが、どうも面白くない。どこのビーチでもできることへの興味が湧かないのか、観光に来ているという認識がないのかは分からないが、一般的なアクティビティはこの旅には必要ないことが分かった。

ウブドは、ビーチから1時間くらい車で走った高台にある。寄り道しながら向かい、夜にウブドに着いた。バリ芸術の中心の街とも呼ばれるだけのことはあり、私が泊まったホテルにも多くの絵画と彫刻作品などが飾られていた。ここでは2泊する。ホテルの部屋の面積は、一人では広すぎるくらいだ。ホテル棟とバンガロー風の小屋があり、私はホテル棟を選んだ。日本円で1泊1万円程度。高級感はない。山の奥の渓谷に建てられた、古いホテルだった。

ウブドでは、少しゆっくりすることにした。部屋で仕事をしたり、先々のホテルと飛行機の予約を取ったりした。ちょっとリラックスしてボーッとしていると、すぐに次の街へ行く日がやってくる。場所によっては1カ月前までに予約をしないと取れない場合もある。あらかじめコーディネーターの小林さんに細部まで注意事項などレクチャーを受けていたが、頭がいっぱいでメモはしていてもよく理解できない。一つ一つ経験していくしかないと割り切った。


そんな時、ふと思い立ってチャングーで出会ったヨガの先生をウブドへ呼んでみた。ダメで元々だ。すると、行ってもいいよとの返事。びっくり。朝の10時に待ち合わせた。すると彼女は10時に、上下ピンクのかわいい服装でウーバーのバイクに乗ってやってきた。

「えっ、ピンクの短いスカート？　ヨガに来たのではないの？」

戸惑いを隠せない私。そこからの展開は、ご想像にお任せする。

そんな彼女が帰った後、パンデと二人で反省会。その日、彼は私を楽しいところへ連れて行こうと思っていたらしいが、一人じゃなくなったと話したら驚いていた。「ジョージさん、ホントびっくりしたよ～」の連発で面白かった。そんな男同士の他愛のない会話で盛り上がり、ウブドでの2泊目の夜は過ぎていった。

翌日は、移動の日。フライトは夕方だから、それまでウブドの名所に連れて行ってもらった。

5泊と意外と長かったバリの旅も終わり、次の目的地であるUAE（アラブ首長国連邦）のドバイへ向けて出発した。

アジアを後にして、考える

帰国後もやり取りが続いているガイドのパンデ（左）

ところで、どうしたら国が繁栄をするようになるのだろう？

日本がまた、豊かになるにはどうしたらよいのだろうか？

異国を見て回っているうちに、そんなことを考えるようになった。発展途上の国々や日本の軌跡を見ると、改めて教育の大切さを感じる。しかし、それだけではない気がする。何かが、足りない。何だろう。今は答えを見つけられないが、旅が終わるまでには見つかりそうな気がする。

アジアの国々を旅して歩くと一つの共通点にたどり着く。それは、外貨獲得のための施策。

日本が戦後豊かになったのは、海外からのお金の流入に起因する。国内だけで経済を回していても、その効果は限られている。外貨を獲得するには海外にものを売るか、または海外からの投資を受け入れるか

台北101の美しい外観には圧倒された

になる。いわゆるインバウンドや海外からの投資は後者に当たる。

台湾もマレーシアも、これから向かうドバイも同じような施策で海外から人とお金を集めようとしている。分かりやすいのが「世界一」の何かを創ること。日本国内でも「日本一」と言われているのでそれを見に行った、という人が多いのではないだろうか。分かりやすいのが日本一高い山である富士山。それの世界版だ。世界一高いビルを造って人とお金を集める。ビルの下は高級ショッピングモール。人を集めてお金を使わせる手法で、外貨を集めているのだ。

近年のアジアではマレーシアのペトロナスツインタワー（452m）に始まり、台湾の

台北101（509m）、そしてこれから向かうドバイのブルジュ・ハリファ（828m）と、同じパターンが続いている。

　他にも共通点として挙げられるのは、外国人労働者。2022年末に行われたサッカーのワールドカップカタール大会でも話題になったが、世界中が肉体的労働力を外国人に頼っている。日本、韓国はもちろんのこと、エジプトでも外国人労働者を受け入れ、労働力としてアテにしている。

「気づく」ことは多いが、まだ考えがまとまらない。全ての国を巡れば、そこから見えてくるものがあるのかもしれない。忘れないように、大陸ごとに「気づき」をメモして残しておくことにしよう。

アジアでの気づき　2023年4月26日～5月11日

■国の発展のためには、外貨の獲得が必須。そのための方法は3つある。

■1つ目はインバウンド受け入れによる経済効果を狙うこと。2つ目は工場や店舗、不動産、産業・事業、金融などの投資を受け入れること。3つ目は輸出など貿易によって獲得すること。

■中でもインバウンド受け入れは日本に限らず世界中で意識的に強化している。そのために色々な「世界一」を作って話題をさらおうとするが、意外と間抜けな話で、せっかく作った「世界一」も数年経つと他の国に抜かれてしまうことが現実に起きている。

■バリ島では逆に田舎感を残している。つまり、発展させないことで観光客を集めている。

■同様に海外からの安い労働力も取り合いになっている。どこの国も外国人労働者頼みの職種がある。

■日本人＝豊かという憧れは、アジア諸国からはどんどん遠のいていっている。

■豊かさに大切なものは「教育」だが、何かが違う。「教育」だと、効果が表れるまでに20～30年はかかる。日本にはその効果を待っているだけの時間的余裕はもうない。教育に代わる何かが必要だ。

■短期間での変化には、言語化されたビジョンによるマインド・チェンジが重要だ。古くには日本列島改造論や富国強兵などがあった。

■大丈夫だと思っている我々日本人は、すでに、茹でガエルになっている。

第三章

中東の旅は、気づきの連続

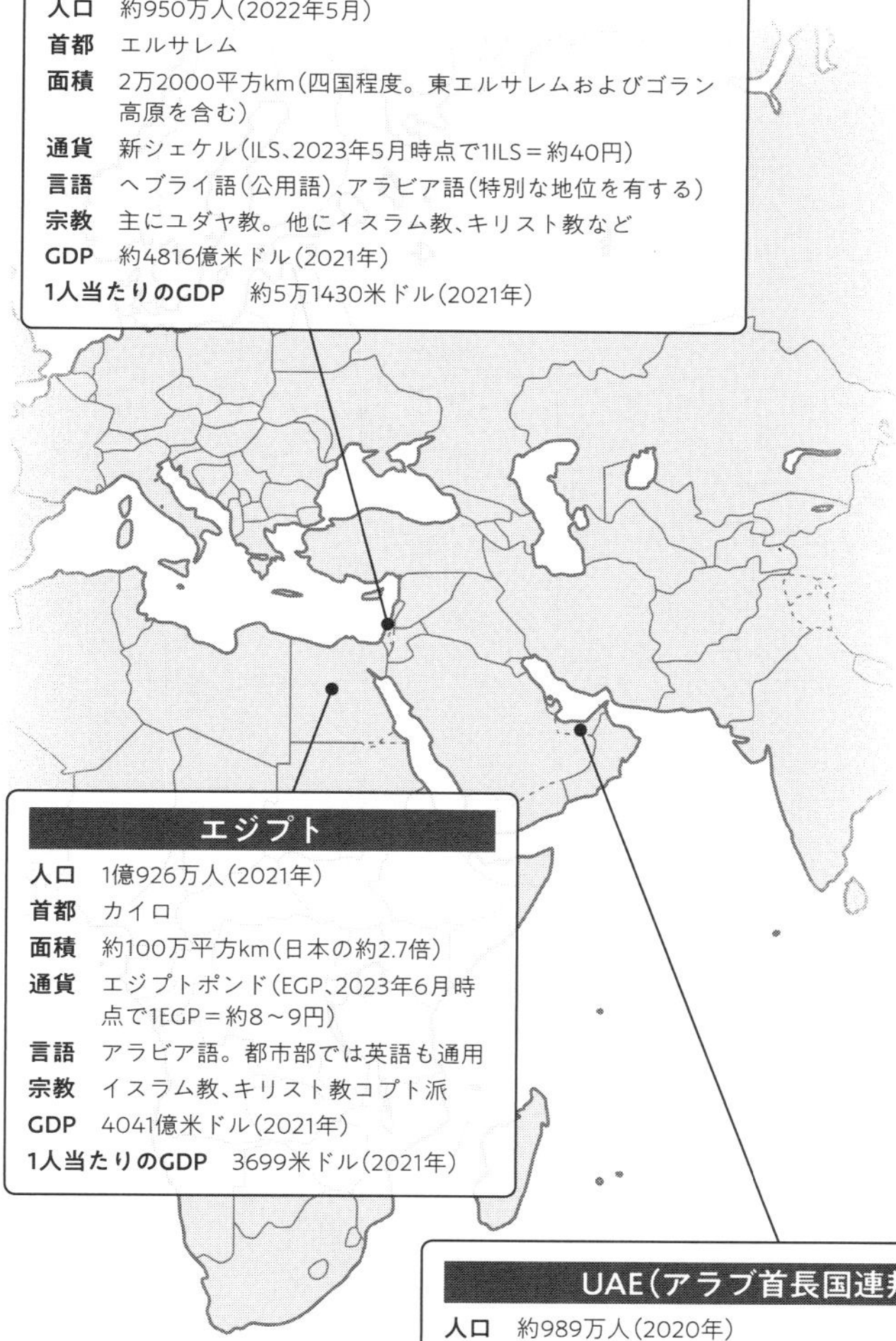

イスラエル

人口　約950万人(2022年5月)
首都　エルサレム
面積　2万2000平方km(四国程度。東エルサレムおよびゴラン高原を含む)
通貨　新シェケル(ILS、2023年5月時点で1ILS＝約40円)
言語　ヘブライ語(公用語)、アラビア語(特別な地位を有する)
宗教　主にユダヤ教。他にイスラム教、キリスト教など
GDP　約4816億米ドル(2021年)
1人当たりのGDP　約5万1430米ドル(2021年)

エジプト

人口　1億926万人(2021年)
首都　カイロ
面積　約100万平方km(日本の約2.7倍)
通貨　エジプトポンド(EGP、2023年6月時点で1EGP＝約8～9円)
言語　アラビア語。都市部では英語も通用
宗教　イスラム教、キリスト教コプト派
GDP　4041億米ドル(2021年)
1人当たりのGDP　3699米ドル(2021年)

UAE(アラブ首長国連邦)

人口　約989万人(2020年)
首都　アブダビ
面積　8万3600平方km(日本の約1/4。北海道程度)
通貨　ディルハム(AED、2024年2月時点で1AED＝約40円)
言語　アラビア語
宗教　イスラム教
名目GDP　4211億米ドル(2019年)
1人当たりの名目GDP　4万3103米ドル(2019年)

※外務省HPより。ただし各国通貨の日本円との為替レートは筆者調べ

砂漠の楽園 ～UAE・ドバイ～

ドバイに着くと、旅は第二ラウンドに入った感じがした。

中東の都市、ドバイ。勘違いしている人もいるかもしれないが、そもそもドバイという国はない。ドバイは、UAE（アラブ首長国連邦）の都市の一つである。そして、UAEの首都というわけでもない。首都はアブダビ。UAEは、世界中からの投資を集めるためにドバイという特別なエリアを造った。「豊かさの象徴」。こんなイメージがコンセプトだろう。

ドバイへは、世界一周周遊券との組み合わせの都合でバリ島→タイ→シンガポール→ドバイと、かなり遠回りすることとなった。世界一周周遊券は降りた空港から乗らないと、1回分カウントされてしまう。そのため、アジアを出発する際はハブとして利用していたタイのバンコクから出発する必要があるので、別途航空券を買って一度バンコクまで戻らなければならなかったのだ。加えて世界一周周遊券では提携航空会社の関係でドバイへの直行便が使えなかったので、シンガポールを経由することになった。

シンガポール・チャンギ国際空港は、とても綺麗で大きい。世界の空港ランキングで2023年に第1位を獲るほどの空港だ。空港施設内のお店を見ているだけでもワクワクする。どこの空港も同じようなお店がほとんどだが、チャンギ空港には見たことのないお店がひしめいていた。

ドバイには3泊した。もっと長く滞在してもよかったのだが、世界一周堂の小林さんが「物価が高いドバイには長居せずに早く進んだ方がいい」とアドバイスしてくれていたのだ。

これがきっかけで、自分の旅のスタイルが明確になる。

東京生まれ・横浜育ちの私は、街が大好き。これまで訪れた先で最も興奮した場所はアメリカ・ニューヨーク。逆に途上国では、なぜか元気がなくなる。「あ〜、自分は根っからのシティーボーイなんだな」と感じる。都市に来ると興奮したり、元気になったりするのだ。自分の傾向が分かったことは大きな収穫だ。

世界で最も煌《きら》びやかな都市の一つであるドバイには知り合いがおらず、何から手を付けてよいか想像がつかなかった。旅の過程でドバイを色々調べたがあまりピンと来ない。世界一高いビルであるブルジュ・ハリファは分かったが、それ以上興味が続かない。

そこで考えたのが、ドバイにしかないものや経験だ。ドバイと言えばやはり砂漠とラクダ。やりたいことを三つに絞った。

一つ目は、日本人がいるホテルを探すこと。二つ目は、砂漠の真ん中のホテルに泊まること。三つ目は、ドバイならではの派手なエリアに泊まることだ。

一つ目については、色々な方の旅行記を読むと「リビエラホテル」に日本人にしてセールスエグゼクティブを務める高杉裕子《ゆうこ》さんという方がいらっしゃることが分かった。ならば、1泊目はリビエラホテルに泊まって情報収集をしよう。そして2泊目は、高額だが砂漠の真ん中にある高級ホテルに泊まろう！　贅沢な造りと『アラビアンナイト』のような、夢のような演出のホテルを見つけた。そして3泊目は費用を抑えつつ洗濯がしたかったので、Ａｉｒｂｎｂを利用することに決めた。

まずは、1泊目。ドバイ国際空港への到着は18時25分。入国審査では、チェックが終わるとパスポートと一緒に無料で1ギガ分のＳＩＭが渡される。ＳＩＭとは、スマートフォンでインターネットにつなぐためのチップのことだ。気前が良いのか、その後のインターネット接続で費用を回収するのかは分からなかったが、貧しいエリアではありえない待遇だ。とは言え、そのＳＩＭには手を付けず空港のＷｉ-Ｆｉにつなぎ、ウーバーを利用してホテルを目指す。ドバイのウーバーは流石《さすが》で、ほとんどがレクサスのＥＳ（車体が大きい高級車）。費用も日本のタクシーよりずっと割安だった。渋滞もあったが30分程度でホテルに到着し、移動費用は日本円で約２９００円。ドバイの物価は、全てが高いわけではなかった。

最初に泊まったリビエラホテルは中心部から少し離れた、旧市街地という感じの場所にある。治安がいいということも、このホテルを選んだ理由だった。ホテルにチェックインするが、残念ながら高杉さんはすでに帰宅していた。また翌日に来るという。フロントにあった、日本語で書かれた地図やガイドブックを手に取って部屋に向かう。

このリビエラホテルは四つ星だが、ドバイ特有の派手な演出は全くない。アラブの雰囲気を味わえる普通のホテルだ。現地スタッフのにわか日本語と私のにわか英語で何とか会話を成立させて部屋に入る。時間はすでに21時。慣れない土地では、移動がゆっくりになる。一応外に出て食事先を探すが、ピンと来る店がない。仕方ないので、現地の人が利用するスーパーに行って色々な食材や生活用品を見る。意外と面白かったのが、子供のおもちゃ。日本では子供の数が激減しているが、世界中どこでも子供のおもちゃは色々と売れており、その違いを見るのも面白い。結局テイクアウトの食材を買ってホテルに帰り、食事をして寝た。

翌朝、朝食会場に行き、しばらくすると高杉さんがやってきた。「あなたに会いにここに来た」と伝えると、色々な話を聞かせてもらえた。まだ小学生のお子さんがいて、朝早めに出勤してきて午後早めに帰るそうだ。チェックアウトの時間に合わせて話をもう少し聞かせて欲しいと伝え、後で時間をもらえることになった。

所用を済ませてチェックアウトした後で、高杉さんから再び話を聞くことができた。ドバイに来た経緯から始まりドバイの経済事情や観光について、ここに住む日本人についてまで、話題は様々に及んだ。中でもちょっとショッキングだったのは、ドバイのホテルに勤める日本人が高杉さんだけだということ。コロナで日本に帰国した方もいらっしゃったようだが、数あるドバイのホテルに日本人が一人しかいないという事実は、ある意味衝撃だった。そんな中、20代で単身ドバイに来た高杉さんは、たくましい。かつて日本で勤めていたホテルを訪れた旅行代理店の方に「これからの時代はドバイだよ」と言われたことを契機に、あっという間に彼女は単身ドバイへと旅立ってしまったのだという。

マレーシアの玉田さんといい高杉さんといい、行動する人の人生は魅力的だ。

ドバイに行く方は、ぜひリビエラホテルに泊まって高杉さんから情報をもらうことをお勧めする。ドバイの日本人コミュニティを含め、彼女は実に多くの情報を持っている。私も時間的に無理だと諦《あきら》めかけていたラクダのオプショナルツアーの手配や、3日目の宿泊先のアドバイスをいただいた。今後も親交を深めていきたいと思っている。

さて、ドバイ滞在も2日目。リビエラホテルをチェックアウトした後は、砂漠を楽しむツアーに参加することにした。ラクダにも乗れる砂漠ツアーは、街から1時間程度車を走らせた場所で行われる。リビエラホテルまでトヨタのランドクルーザーで迎えに来てもらい、そこから1時間程度高速道路を走り、砂漠地帯にたどり着く。道路から砂漠エリアに入る際、一度車を停める。ドライバーが、何やら動き出す。何事かと思っていると、車のタイヤの空気を抜き出した。

この後、砂漠を車で爆走する。そのために空気圧を下げて走りやすくするのだ。高速道路を走る時は空気圧を高めに設定するが、その逆で砂漠では空気圧を下げるのだという。確かに道理には合っているが、こんなことは日本ではまず味わえない。初めての体験だった。

同乗者は、アメリカから来たという黒人カップル。タンザニア出身で、今はカリフォルニアでお医者さんをしているそうだ。

ドライバーを含めて4名で砂漠の中を爆走する。砂の山を登ったり降りたり、曲がったりしながら揺れを楽しむ。同じように砂漠を走っている車を沢山見かけたが、ほぼ100％トヨタのランドクルーザーだ。故障が少ないことや耐久性を考えるとトヨタは世界一だと、ドライバーが絶賛していた。日本人として誇らしかった。

砂漠で大はしゃぎ！

砂漠ラリーを終えてタイヤに空気を入れ、車は次の目的地に向かう。さらにしばらく走ると、砂漠のオアシスみたいな場所が見えてくる。そこで車を停めてテントが並ぶ場所へ行くと、食事やダンスを見るような場所に案内される。そこでラクダ体験などをする。

ラクダに乗るのは意外と難しい。腹ばい

になっているラクダにまたがるところまではいいのだが、ラクダは足が長く立ち上がる時には後ろ足から立ち上がるため、お尻がかなり高い位置に行く。乗っている人間は前のめりになるため、上手く重心を取らないと頭から転がり落ちる。

ラクダに乗る経験は、日本にいるとなかなかできない。いい体験になった。加えてベリーダンスなどを見せてもらい、私は一人砂漠のホテルへ送ってもらう。

2泊目のホテルの名前は「バブ・アル・シャムス」。アラビア語で「太陽の扉」を意味する。中世のアラビアを彷彿《ほうふつ》させる造りになっており、まさに砂漠の真ん中に突如現れたオアシスである。

日本円で1泊約6万6000円で、二人で泊まっても同じ値段。ちょっと頑張ってこのホテルを選んだが、価格以上に幸福感を覚えるホテルだった。私の人生で最も贅沢な時間だったと言っても過言ではない。価格以上の体験ができる。

何が良いって⁉ 建物の造りや装飾品が良いのはもちろんのこと、レストランの料理が素晴らしく、演出も憎いほどオシャレだ。そして何と言っても最高だったのが、砂漠のど真ん中で楽しめる、敷地内中央にある大きくて綺麗なプールだ。何とも言えない贅沢な空間を演出していた。

完璧なまでのセンスの良さは、筆舌に尽くし難い。モダンな建造物群もドバイらしくて流石だと思ったが、ここはまるで映画や物語の世界のようだった。

わずか1泊の滞在だったが、せっかくの機会なので部屋の内外をくまなく探索した。そして翌日も、チェックアウト後にタクシーを待つ間の60分でもう一度プールを満喫して、ホテルを後にする。

ここでも夢のような時間だった。

ホテルからの移動は、タクシーを利用した。ホテルのフロントで待っているタクシーはいない。街からタクシーを呼ぶため、40~60分待つか、事前に呼んでおく必要がある。これだけ贅沢なホテルなのでタクシーぐらい待っていると思っていたのだが、現実は甘くなかった。ウーバーの料金がその時間帯は上がっていたので、ホテルに頼んでタクシーを呼んでもらった。

砂漠のホテルではわずか1泊だったが、強烈に記憶に残った

そこでもまた素晴らしい出会いがあった。タクシードライバーのシュラディディ。彼は、インド出身で、元々はカメラマン。砂漠の真ん中から次の宿泊先であるドバイマリーナまで私を運んでくれ

た。なぜか意気投合して話が盛り上がったので、あっという間に着いた。当日か翌日に呼んでくれればタクシーを貸切で観光に連れて行ってくれるというので、彼ならと思い連絡先を聞いた。

ドバイは見どころ満載だが、3泊のみの予定。この日がすでに最終泊。世界一の超高層ビルであるブルジュ・ハリファも見ていない。最終日の宿はAirbnbでタワーマンションの一室を借りた。日本円で1泊約1万3000円。バブ・アル・シャムスよりも金額は断然安いが、満足度は高くない。ただ民泊の良いところはランドリーを使えることで、ここでもランドリーを借りた。乾燥機はなかったので、外に干した。

その後、慌てて街に出る。せめてブルジュ・ハリファを見に行こう。ウーバーを使ってブルジュ・ハリファまで出かけた。短い距離しか乗らないので、ここではシュラディディには頼まずにウーバーを呼んだ。

ブルジュ・ハリファは、地上高828mの世界一高いビルである。展望台がいくつかあり、上の展望台に行くほど料金は高い。125階までの展望台に行くには日本円で約6000円。最も高い148階の展望台まで行くとなると、1万6000円程度かかる。私は125階までのチケットを買って、高速エレベーターに乗った。流石に125階まではそれなりに時間もかかるし、相当に揺れる。

個人的には、ここまで体験したいくつかの〝世界一〟タワーでは台北101がデザイン、機能面共に一番だと感じる。エレベーターは超高速で、89階までをわずか39秒でほぼ揺れなく上がる。これがなんと東芝製。そして見た目も、台北101のモダンさとオリエンタルな文化を感じる美しさは、人々の気持ちを魅了する。それがまた嬉《うれ》しいことに、設計は台湾人で、その建築に日本の熊谷組がジョイント・ベンチャーとして大きく関わっている。日本の建設の力は、日本国内以上にアジアで評価されている。もしかすると、「評価されていた」と過去形になってしまっているかもしれないが……。

話題をブルジュ・ハリファに戻そう。展望台から見る景色は壮大だが、気になるのが開発エリアの拡大。何をどう開発していくのかが気になる。また、これまで開発されたものがどんなコンセプトで、誰のために開発されたのかについても疑問が広がる。

これまで開発されたものと言えば、やはり水と緑と空気だろうか。水は、運河。緑は公園。そして空気だが、ビルの高層化が空気の象徴というイメージだ。なぜか、どこの国も運河を造ってヨットやクルーザーを走らせたがる。他に楽しみがないのだろうか？　税金の安さを目当てにドバイへ拠点を移す人も多いようだが、所詮全てが作り物のような気がしてきた。それを考えると、日本の自然や歴史的建造物の価値は高い。

ここに日本の勝機や商機が、窺《うかが》える。

そんなことを感じながら、ブルジュ・ハリファを降りる。展望台を降りてからショッピングモールを探索していると、あっという間に時が経ち夜になってしまった。有名な噴水ショーも見たが、何となく物足りない。世界の富豪たちの滞在先として有名なドバイで3日しか過ごさないのは、流石に短すぎた。とは言え、一旦宿に帰ろうと思い、今回はタクシーで戻る。明日の作戦を考えよう。宿に戻ってお風呂に入り、明日のフライトを再度確認。エジプト・カイロ行きのフライトは、午前11時55分発。10時に空港に着けば、間に合う。そうだ、タクシードライバーのシュラディディに翌朝お願いしてみよう。何となく、また上手く事が運ぶ気がした。片付けをして軽く就寝。早朝に目覚め、シュラディディには悪かったが午前6時に電話してみた。運良く彼は電話に出てくれて、さらに私のことを覚えていてくれた。事情を話すと、彼は午前8時30分に私が滞在しているタワーマンションに迎えに来てくれることになった。もちろん、例の調子の英語で通じるまで何度も説明した結果だが……。

彼の行動力は素晴らしかった。私を車に乗せてドバイの名所を連れて回る。そしてその要所では車を停めて写真を撮ってくれる。流石は元カメラマンさん。花なども一緒に写り込むようにアングルを工夫し、上手にピントを合わせる。あっという間の1時間半だったが、有名な世界最大の額縁（ドバイフレーム）やドバイ未来博物館、ドバイを象徴する人工島パーム・ジュメイラなどを私に見せてくれた。ある程度の説明も受けたが、流石に深いところは上手く理解できなかった。次回は、説明を理解して質問できるように最低でも英検2級レベルになって訪問することを決意した（笑）。

ドバイの各名所を一部分ながらもチラ見させてもらい、無事に午前10時過ぎに空港へとたどり着いた。あっという間の出来事だったが、砂漠の楽園と世界一を造り続ける街に別れを告げ、この旅の最難関の一つであるエジプト・カイロへと向かう。

遺跡という名の廃墟 ～エジプト・カイロ～

出発する前から、この旅の難所だと考えていた場所が三つあった。それがエジプト、イスラエル、そして南米だ。理由は単純で、未知のゾーンかつ治安が悪いイメージがあるからだ。そんな要注意の場所の第一弾として、5月14日にエジプトへ入った。

エジプトは紀元前から続く長い歴史を持ち、古代エジプト文明は世界四大文明の一つとされている。ピラミッドやスフィンクスなどの古代遺跡は、誰もが知るところだろう。アラブ文化と地中海文化の交差点として、独自の文化と伝統を持つ国である。

エジプトは地理的にはアフリカだが、アラブ文化を色濃く感じる国である。今回、私は首都のカイロと、多くのピラミッドなどの遺跡があるルクソールという街に滞在した。カイロからルクソールへは、飛行機で移動した。

今回の旅で世界一周堂の小林さんから強く勧められたのは、エジプトとイスラエルではガイドや運転手を付けるべきだということだ。一人で移動することのリスクや手間を考えると、絶対的にお勧めだと強く念押しされていた。しかし、簡単に受け入れられる提案ではなかった。何しろ、値段が高いのだ。とにかく高い。以前はそれほどでもなかったらしいが、コロナ禍の後に人手不足とインフレが発生し、とてつもなく高騰したという。私はコロナ明けで、世界一周堂さんがコーディネートしてエジプト・イスラエルへ向かう旅行者としては、ほぼ初めてだったらしい。見積りを取ってみると、エジプトとイスラエルそれぞれで日本円で約50万円、合計100万円の費用が必要だった。

ある程度の予算オーバーは覚悟していたとは言え、基本の予算は300万円でスタートした旅だったので、すでにここで破綻《はたん》することになる。とは言え、自分の未来から天の声も聞こえてくる。「心配するな、お金は後からどうにでもなる。貴重なこの体験と時間を楽しめ」と。そうは言っても、旅の前半から中盤に差しかかる時点でのプラス100万円は、流石に難しい。悩んだ挙句にエジプトでは全面的にサポートを受けることにして、イスラエルでは英語ができるドライバーさんを移動のため手配することにした。エジプトとイスラエルでは遺跡を巡るが、各国内で二つの拠点に宿泊し観光する。エジプトでは飛行機での移動、イスラエルは車で片道60~90分の往復をする。これがベターな選択肢だろう。そんなことを出発後になっても考えながら、旅は進んでいった。

そして未知の国・エジプトへ到着。テレビ番組や色々な媒体の特集では見たことがあるが、人類進化の原点という印象を抱いていた。飛行機を降り、まずは空港内を入国審査へ向けて歩く。すると審査前にもかかわらず、なぜかお出迎えの人々が目に入る。私の名前のプレートを持った、ちょっと怪しげなおじさんがいる。声を掛けてみると、素早く寄って来て片言の日本語で挨拶をした。歩きながらパスポートを出してくれと言う。渡すと入国審査場らしき場所の手前のカウンターで、ビザらしきシールをパスポートに貼っていた。その後、入国審査場を一緒に通過。その後、荷物を取って外に出る。この国はどんなシステムなんだ、旅行者以外でも入国審査場内を自由に行き来できるのか——。不信感というよりも変な感情が芽生える。

おじさんと空港を出て徒歩で進むと、目の前にスターバックスの店舗がある。何となくホッとする。さらに進むと駐車場があり、今度は30代の太めのオタク系お兄ちゃんが待っていた。今回の日本語ガイドだという。さらにドライバーも別にいる。最初のおじさんは、ここで終了。ガイドさんの名前は、ナビさん。ナビちゃんと呼んでくれという。彼が、このエジプトの旅を共にしてくれる日本語ガイドだ。とりあえず車に乗って観光に行くという。バンタイプの車に乗って移動する。時刻はすでに16時を過ぎている。車中で滞在中の説明を受けるが、内容が多くて日本語でもよく分からない。特にチップについての話は、事前に聞いていたものの合点が行かず回答と対応を待ってもらうことにした。すでにそれなりの金額を払っているにもかかわらず、それに加えて高額なチップが必要だという。で、それを前に払うか、後に払うか今決めろと迫ってきたのだ。

チップは、サービスを受けた後に払うものではないのか？　ガイドの言い分では、先にガイドに渡せば、それを彼が分配して関係者に渡すという。後で払う場合は自分で小分けにして各関係者にあなたが払うことになるから手間がかかるぞ、ということだった。何か、怪しい。私は、自分が依頼した代理店（世界一周堂）に確認してから回答すると伝えた。

さらに車を進めると、飛行機から見た印象がまた変わる。空の上から見たエジプトの印象は、茶色い街。建物はみな茶色。レンガの色か土の色なのか、全てがそう見えた。実際に車で走ってみると、綺麗な街並みはすぐに終わり、少しスラム的な街並みが見えてくる。以前行ったインドや東南アジアの国々を思い出す。

しばらくして私は彼に質問をした。この質問が、今回の旅と私の人生に大きく影響を与えた。質問の内容自体は決して悪いものではなかったが、タイミングと順番が悪かった。最初にするべき質問ではなかった。

その質問とは、次のようなものだった。

「現在のエジプトで最も大きな問題は、何？」

彼はしばらく考えた後、「ゴミ問題」だと答えた。理由は、ゴミを回収する人がいないからだという。ゴミの回収にはわずかな予算しか与えられず、外国人労働者も来ないという。この話は、単なる人手不足のことかと思ったが、実は奥が深そうだった。その時点では、これで話は終わったのだが、その後の会話に影響を与えた気がした。振り返ってみると、来て早々に彼らにとっての母国の問題点を聞くのは、とても失礼な話だった。なぜ私はそれをいきなり聞いてしまったのだろう——。今でも不思議だが、そこには何か感じるものがあったのかもしれない。私はその後、滞在した5日間でこのゴミ問題の意味を知ることとなった。

車は、いくつかの場所を進んで割と大きな川沿いに停めた。ガイドのナビちゃんに連れられ車を降りて歩くと、川沿いに遊覧船が停泊していた。どうやらそれに乗って遊覧するようだ。その川は、教科書でも見た世界一長い川であるナイル川だという。その長さは、何と6650㎞。お〜、ついにナイル川にも来たか。エジプトは、ナイル川で発展したと学んだことを思い出す。

乗船して、デッキにある椅子に座って出発をしばらく待つ。出航後は、船内に入る。出航すると、バイキング形式で食事が振る舞われる。食事は、一般的な洋食＋エジプト料理。特に記憶に残る料理はなかったが、キャベツは人気があるのにレタスが大皿に沢山残っていたのがなぜか記憶に残っている。

ガイドのナビちゃんに聞いてみると、レタスは水で洗っており、その水が危険なので皆食べないのだという。遊覧船なので主な乗客は観光客で、エジプト人は少ない。慣れない土地の水にあたってしまうのは、日本人だけではないようだ。

船の中では、歌とダンスで歓迎を受けた。綺麗なお姉さんが民族ダンスを踊ってくれる。それだけではなく、50歳を過ぎたくらいの男性が大きな丸い絨毯《じゅうたん》のような布を自分の頭の上でぐるぐると身体を回転させながら回す。これがまた不思議で、これでもかというくらい延々と回り続ける。日本ではこんな文化はこま回しくらいだ。人が回り続けるダンスは、見ていてとても疲れた。

船での遊覧を終えてホテルへ向かう。ホテルは、旧市街地という感じの街の中にあった。ホテルに到着すると、また一人の若い男性が現れる。彼は、宿のコーディネーターだという。こんなに人が関われば、お金もかかるわけだ。私一人のエジプト訪問に、3時間半ですでに入国コーディネーター、ガイド兼通訳さん、ドライバーさん、ホテルコーディネーターさんの4人が関わっている。コロナで仕事が減ったせいなのか、すごい勢いで人が集まってきている。その日の夕食はホテルのレストランで食べてくれ、とのことだった。元々の費用に含まれているようだ。ホテルのレストランでどこにでもあるような夕食を済ませ、しばらくホテル内を探索。すると怪しい扉が目に入ってきた。中から何やら賑やかな音楽が流れてくる。

興味本位で入ってみるとナイトクラブのようだ。人はまばらだが、この後色々なことが起きそうな雰囲気。しかしマイルールを思い出し、軽く巡回しその場を立ち去る。残念ながらその夜は日本とのウェブ会議があり、街に出ることはなかった。そもそも出られるような雰囲気の場所でもなかったが……。

翌日に改めて怪しげな扉を訪れると、その扉は別の扉に覆われて存在が分からなくなっていた。色々な想像が広がるがホテルで朝食をとり、2日目の観光に向かう。

話は変わるが、当時日本は新型コロナウイルス感染症の位置付けが変わったばかりで、まだ80%くらいの人がマスクをしていたように思う。日本では海外旅行になんてごく一部の人しか出かけていなかった時期なのに、私と同じホテルに泊まっていたインド人の団体旅行客は目を見張るようなエネルギー。インドも著しく発展しているのだろう。その発展のパワーを否が応でも感じさせられた。

エジプトでは、ピラミッドなどを観光していると日本以外のアジア各国から来た団体旅行の集団をよく見かけた。インドだけではなく中国、台湾、韓国などなど。各国の旗を持ったガイドさんが、先頭に立ち一団を先導する。残念ながら日本人御一行のその光景は、どこへ行っても見られなかった。過去の話なのか、これからの話でもあるのかは不明だが。

話を戻す。エジプトの旅2日目の朝は、昨日と同じガイドのナビちゃんと新しいドライバーの男性が、私を迎えにやってきた。昨日のちょっと気まずい雰囲気が若干残っているのか、底抜けに明るい感じではない。ドライバーの彼には、7人の奥さんがいるという。嘘か誠かと思うが、そんな嘘を言う必要がある場面でもないので、本当のことなのだろう。

そんな会話から、話は意外な方向に発展する。「この国の言葉で、女性の最高の口説《くど》き文句は、何なんだ?」。思わず出た質問だった。するとナビちゃんとドライバーが大喜び。彼らが少し考えた末に口に出した言葉が「アンタ、ガミーラ!」と「アンタ、モッサ!」だった。

アンタはあなたの意味で、ガミーラは綺麗だね、を意味する。そしてモッサはセクシーという意味だそう。つまり「アンタ、ガミーラ!」は「あなた、綺麗だね」となり、「アンタ、モッサ!」は「あなた、セクシーだね」となる。

エジプトでは、女性はセクシーに見られることが嬉しいのだという。日本のセクハラとは、別世界らしい。そんな話をしていたら、ガイドのナビちゃんとドライバーが盛り上がる。昨日の雲行きが怪しい雰囲気が一変する。日本のサッカー選手などのスポーツ選手も、海外のチームに所属した際は世界共通の下ネタで人間関係を構築するなんて話を聞いたことがあったが、このことなんだねと納得した。その後はご想像の通り、挑戦の旅に火がつく。移動先のギフトショップや空港のカウンターで、エジプト女性との会話を楽しんだ。

もちろん殺し文句は「ガミーラ」と「モッサ」だ。得意になったアラビア語のフレーズに、多くの女性が反応してくれる。日本ではできないことも、ここでは歓迎されているように感じた(勘違いでしたらごめんなさい)。

観光は、続いた。多くのピラミッドやスフィンクス、ミイラ。それにまつわる物語。エジプトでは日本語のガイドが付いていたため、多くの情報を得ることができた。

まずは、エジプトという国名の由来。エジプトは元々キリスト教の人が住む国だったらしい。語源は、キリスト教の人が住む場所。しかし今では、ほとんどの人がイスラム教の信者さん。当時のキリスト教徒さんたちは土地を追われたり、殺されてしまったりしたのだろう。どこの国でも戦争は起きるが、終戦後に負けた国の王家や親族は粛清《しゅくせい》されてしまう。

カイロで見たピラミッドは初期のものらしく、途中でピラミッドの勾配《こうばい》が変わっている。勾配が緩くなっているのだ。その理由が興味深い。最初、計算を間違えたらしいのだ。半分程度まで石を積み上げた後、その角度が修正され現在の約52度に戻されたのだという。面白い。ペルーで見たナスカの地上絵も、初期の頃に描かれたとされる絵は何とも言えずお粗末。子供のヘタウマのような絵。その後、計算を施されたような絵に進化していく。ピラミッドも時代と共に進化していることが、見て分かる。

他にもスフィンクスは、お腹を空かせているという逸話がある。その理由は、スフィンクスの視線の先にケンタッキー・フライド・チキンとドミノ・ピザのお店があるから。これは逸話というよりはジョークという方が正しいが、そのような多くの神話から逸話、ジョークまでをナビちゃんからレクチャーされる。

スフィンクスとツーショットで撮影。キスしているように見える!?

ピラミッドは、3000〜5000年前に建造されたと言われている。今なお原形を留めているのは、砂に埋まっていたからだと聞かされた。例えばスフィンクス。福沢諭吉がスフィンクスの横で写っている写真が残っている。その写真のスフィンクスは、頭しか見えない。その後、周りを掘ることで今の原形が現れたのだそう。圧巻だったのがミイラ。同じく3000〜5000年前に、こんなにも綺麗に死体を処理して保管する技術を持っていたことに、人類の神秘を感じる。

とにかくエジプトの遺跡の数々は大きく壮大だ。写真には入りきらないエネルギーを持っている。読者の皆さんも、ぜひ生涯に一度は人類の奇跡をご自身の目で見てみて欲しい。

そんなエジプトでは、カイロとルクソール

の街を旅した。ここで、改めてゴミの話に戻したい。到着したばかりの時に、ガイドのナビちゃんにうかつに聞いてしまい、しばらく気まずさが残ってしまったあの質問だ。

エジプトでは、多くの気づきを得た。かつて世界で最も繁栄した国の過去と現在の姿を比べると、現在の落ち込みが目の前に浮かぶ。ほとんどの遺跡は、繁栄の後の廃墟である。繁栄した時代の王家やその子孫は、殺されて存在しない。繁栄の後に衰退し、侵略後に住み着いた人たちのものになっている。日本も他人事《ひとごと》ではない。今の日本人は、国としては衰退していてもまだ国力が強く、何かあれば国が守ってくれると思っている。しかし、外部からの侵略か内部からの崩壊でその国のトップ自体が代わってしまえば、その前提は崩れる。弱体化した日本が攻め込まれたら、ひとたまりもない。

そこでゴミの話が関係してくる。その話を聞いた当初は、単に「経済力と人手不足の問題」かと思った。が、そうでもなさそうだ。この旅を通じて、「どうすれば国が豊かになるのだろうか？」という自問が生まれてきている。この旅の意味が見つかったのかもしれない。

またこの旅では、何かに対して疑問を感じてその答えを見つけようとする時には、その反対も考えるように注意して過ごすようになった。例えば今回なら、どうすると国が悪くなるのか。すると、エジプトのゴミ問題の深刻さに気づく。ゴミ問題は、心理的環境の悪化につながっている可能性を感じた。綺麗な街に住む人と、ゴミだらけの場所で生活する人とでは、意識が変わる。日本の道路でも同じだ。ゴミがある場所では、ゴミを捨てていいと思う人が増えて、さらにゴミが捨てられていく。かつて世界で最も繁栄した地域であるエジプトでも、今は貧困とゴミ問題で苦しんでいる。日本もそうならないことを願いながら、次の目的地であるイスラエルへ向かう。

エジプトでは、日本語ガイドさんを付けることで多くの気づきを得ることができた。彼らがいなかったら、エジプトに対する理解も少ないものだっただろう。費用はかかったが、ガイドを雇って正解だった。

予期せぬ出会い　～イスラエル・テルアビブ／エルサレム～

イスラエルへは2023年5月18日から5月22日まで、5日間滞在した。私の帰国後、パレスチナのハマスがイスラエルへ攻撃を始めたのが2023年10月7日。辛うじて危機を逃れて、訪問することができた。

入国前のイスラエルの印象は、戦火の街。そこら中で戦闘が起きているのだと思っていた。実際に2023年10月からは一部がそうなってしまったが、私が行った時はごく普通の国であり、国民の大多数は日本と同じような生活をしていた。世界中から観光客が訪れる、とても開かれた国であった。しかし帰国後、痛ましい事態が起きた。ただ、この節ではあくまで私が旅の中で見たこと、感じたことを話したい。

この旅を通じて私は、イスラエルは日本人が目指すべき生き方や国の在り方を体現している国のトップツーに挙げたいと感じた。我々は海外の国について考える際、その国で起きた大きな事件をその国全体で起きていることと勘違いしている可能性が高い。例えるなら、日本で起きた福島原発事故を見て、世界中の人々は日本全土が放射能まみれだと思ってしまうように。イスラエルでも同じことで、国の一部に戦闘エリアがあるが、それ以外では至って普通の生活を継続していた。

イスラエルの首都はエルサレムということになっているが国際社会の多くには認められていないようで、実質的にはテルアビブがその役割を担っている。

エジプト・カイロを出発した飛行機は、イスラエルの実質上の首都であるテルアビブに降りた。空港到着は18時50分。イスラエルでは移動の車をチャーターしたので、ここでも私の名前の札を持った男性が待っていてくれた。嬉しいものだ。この旅のストレスの一つに空港からの移動がある。今回のように、自分の名前の札を持って待ってもらえるなんて幸せなことはほとんどない。新たな国に着くとまずは、スマートフォンをネットにつなぐところから始まる。意外と簡単ではない。空港のフリーＷｉ－Ｆｉにつなぐか、バリの佐竹さんからご教授いただいたeSIMでつなぐのだが、上手くつながらないことがしばしば。ちなみに通常スマートフォンを利用する場合、本人の番号を認識するための小さなチップ（SIM）を物理的に端末に差し込む。しかしeSIMはすでにその機能が端末に内蔵されていて、国ごとにチップを入れ替えなくても画面上の登録だけでスマートフォンが使える仕組みになっている。

空港のフリーWi-FiやeSIMが上手く使えない時は、空港内でWi-Fiの文字が付いたレストランを探して入る。タクシーを使わずにウーバーまたは同等のアプリサービスにアクセスして、ホテルまでの移動手段を確保するためだ。特に途上国で多いのだが、タクシーに乗ると料金の問題で揉めることが多く、極力使いたくない。移動中のストレスを取り除く意味でも、ウーバーのサービスは明朗会計で最強だ。とは言え、ネットにつながらなくては始まらない。この旅では何度となくネット難民になり肝を冷やしたが、イスラエルではその心配をせずに済んだ。

迎えの車で空港からしばらく走ると、高層ビルが立ち並ぶ街が見えてくる。シティーボーイの私としては、ワクワクする。そして海沿いのホテルに到着する。外は、暗い。

ホテルに到着すると、トラブルに気づく。マレーシアで購入したお気に入りのスーツケースのキャスターが壊れている。空港を出てしまったため、航空会社に連絡しても苦情を受け付けてもらえない。最終的には購入時のクレジットカードの保険対応で保障してもらうことになったが、そこにたどり着くまでに多くの時間を要した。時間がかかった理由として挙げられるのが、保険会社への電話連絡の問題だ。日本の保険会社の対応窓口は、ほとんどが0120などのフリーダイヤル。海外からの電話では、つながらない。すると案内されるのが、海外から日本への通常の電話回線での発信。料金は、今でも高額。LINEでの通話やフェイスブックメッセンジャーでの通話は使えない。そこで大活躍したのがスカイプによる電話だ。最近はスカイプで通話しているという話をあまり聞くことはないが、実は海外から日本国内の一般の電話番号への発信は、スカイプを使うのがとても安くて便利なのだ。音声も悪くない。1000円も払えば、かなりの時間を通話することができる。いざという時の連絡手段として、お勧めしたい。

話は、イスラエルの旅に戻る。イスラエルでは、テルアビブとエルサレムに滞在した。両方で4泊5日。内訳はテルアビブ2泊に、エルサレム2泊。到着当日はテルアビブに泊まり、翌朝エルサレムに車で移動した。所要時間は約1時間。高速道路を走る。テルアビブは都会の街だが、エルサレムは郊外という感じだ。イスラエル2日目は、聖地エルサレムの旧市街地の定番ルートを観光することになった。ご存じの方も多いが、世界中を旅すると宗教を聞かれることが多い。国内外を問わず「日本人は無宗教」だという認識を持っている人も多いが、世界の標準では人間＝何らかの信仰を持っている、ということが前提の会話になる。この旅でも何度となく私の信仰について聞かれた。宗教色の強い国に旅を

エルサレムを代表するスポットの１つである嘆きの壁

するなら、ちゃんとした回答を英語で説明できるレベルは必要だ。この旅の中で、改めて自分や日本人の宗教観を考える機会ができたのだが、私たち日本人は、言うならば「日本人」という信仰を持っているのではないかという感覚を持つようになった。多神教であり、それぞれの良い部分を取り入れ「和を以て貴しとなす。忤《さか》ふること無きを宗《むね》となすよ」。この言葉が、日本人の宗教観を表しているのではないだろうか。次の旅では、この辺りを英語で上手に説明したいものだ。

ユダヤ教、キリスト教、イスラム教の聖地であるエルサレムでは、嘆きの壁やキリストが十字架を背負って歩いたとされるルートを巡った。世界中から多くの信者が訪れていた。中でも学生の修学旅行なのか、興奮した学生が歌を歌いながら歩き回る光景は、独特な雰囲気を放っていた。若い警官が複数同行して、歩くルートや行動を制限していた。イスラエル、そしてエルサレムの問題は、異なる宗教の信者が交わることにある。日本人的に言えば「根っこは同じ」とはならないことが、最大の問題だ。

エルサレムの雰囲気は、これまでの旅で経験したことのない独特なものだった。2日目は、聖地を歩き回った。その後、ウーバーが捕まらなかったのでタクシーを利用してホテルに帰る。

翌朝はホテルまでドライバーさんが迎えに来てくれた。3日目はまずイエス・キリスト生誕の地であるベツレヘムに向かい、午後は死海へ行くルート。しばらく走るとドライバーさんが何やら友人らしき人物に電話をかけ出した。おいおい、仕事中だぞ——。海外でタクシーを利用すると、酷《ひど》い時だと彼女を乗せているドライバーさんもいる。飯を食べているなんてこともある。イスラエルもそんな国なのかと思っていると、全然違った結果が待っていた。

しばらく走り、目的地らしきエリアに着く。すると車に一人のカッコいい30〜40代の男性が乗ってきた。挨拶をすると、彼はガイドらしい。ドライバーが友人のガイドを呼んだようだ。怪しい雰囲気は全くないが、ガイドを頼んでいない私としては、どうなるのか分からず困惑する。とりあえずは流れに任せてみようと、彼のガイドを受ける。彼は、38歳

キリストが生まれたとされる馬小屋も観光した。一番右に写っているのがガイドの彼

で子供が3人。彼の家族は400年以上前からここに住むキリスト教信者だという。20代はテルアビブで働いていたそうだが、7年前に帰ってきてベツレヘムのガイドをしているという。そんな彼に、翻訳機を使いながらガイドしてもらう。そう、鳴り物入りで買ってきたポケトークの出番だ。しかし、ポケトークには大きな弱点がある。インターネット回線を使うため、電波が弱いところや届かないところでは全く役に立たないのだ。今いるエリア周辺は電波が弱く、ほとんど役に立たない。そうなると自分の英語力だけが頼りになるのだが、英検4級レベルでは専門的なことはほぼ理解できない。そんな状況ではあったが、2時間程度でキリスト生誕の場所などを案内してもらった。キリスト教徒の住むベツレヘムは、前日のユダヤ教徒が訪れるエリアと違って雰囲気が暗い。お店も少なく、

シャッター街のようだ。スラムとは全然違うが、高い壁があったりして、エルサレムの中心からは追いやられている雰囲気があった。

ベツレヘム観光の最後に、ガイドの彼に土産物屋さんへ連れて行かれる。お店の入口には、鉄格子がある。日本以外の国ではよく見かける風景だが、このシチュエーションから考えると何か高額なものを買わないと出してもらえないやつか――などと心配になってしまう。半信半疑でお店に入る。ここまでですでに、費用を十分に払うレベルのサポートを受けていた。日本円で1万円以上の価値は感じていたので、求められなくてもチップは払おうと思っていた。お店にはしばらく滞在したが、特別なこともなくスムーズに外へ出られた。店の外ではドライバーが待っていた。チップを払おう。しかし、現金の持ち合わせはほとんどない。ATMに行ってくれと頼むのもおかしいし、かなり戸惑ったが、ガイドの彼への感謝を示そうと腹を決めて、ATMに案内してもらうことにした。そこで2万円程度の現地通貨を引き出し、そのうちの約1万円分を彼にチップとして感謝を込めて支払った。ガイドの彼とは記念撮影をして別れた。ドライバーにも感謝を伝え、次の目的地である死海に向かった。

死海は、英語ではデッド・シー。そのまんまである。死海と呼ばれる理由は、塩分濃度が約30%で生き物が生息しないからである。死海について意外と知られていないのが、その海抜。死海は海抜マイナス400mである。マイナス400mと言われると真っ逆さまに落ちていくのかと想像してしまうが、そんなことはない。道が徐々に下がって行くため、マイナスであることを感じない。高速道路を走って向かうのだが、途中に「sea level」と書かれた大きな標識があり、車はその後もダラダラと下り坂を走り続ける。「sea level」の標識からしばらく走ると、大きな駐車場が見えてきた。その先に海のようなものが見える。死海は、その名前から受けるイメージとは違って、ちょっとした高級海水浴場のようになっていた。

駐車場から死海へ行くまでにゲートがあり、入場券を買う必要がある。チケット代は事前に支払った費用に含まれているらしく、自分で買う必要がなかった。ドライバーの彼も一緒に中に入った。彼は顔パスで、チケットはいらないようだった。オシャレなレストランや土産物屋さんを横目に進み、死海の前までたどり着く。一般的な海水浴場と同じようにビーチに場所取りをして、荷物を置いて海に入ってみる。本当に身体が浮くが、その気持ちよさよりも塩水に浸かっている違和感が勝る。水も濁っていて、長く入っている気がしない。適当に水から上がり、陣取った場所に戻って人間ウォッチングを開始。割と裕福な人たちが来ている印象だ。斜め前には、いかにもセレブな奥様方がいる。せっかくなので声を掛けて記念撮影をする。笑顔で接すれば、どの国の人でも大体はお友達になれる。しばらく滞在して帰路に。ドライバーさんとも会話を楽しむ。ここでも宗教の話。彼はキリスト教徒だという。印象的なのは、彼がキリスト教徒であることに誇りを持っていること。日本で宗教の話はタブーだが、国が変わると全然違う。

先ほど引き出したお金で、ドライバーの彼にも割と多めのチップを支払った。払うこちらも気分が良い。ホテルに戻った後、夕食をとりに近くのショッピングモールに向かうが、どのお店も閉まっている。その日は土曜日だった。イスラエルでは土曜日は安息日で、お店がほぼ全て閉まっているのだ。それに気づいた時には遅く、夕食難民になってしまった。ホテルのレストランも閉まっており、唯一開いていたのはバイキング会場。何とか夕食にありつく。エルサレムの夜が終わる。

翌日午前9時に迎えの車が来て、テルアビブに戻る。また、新しいドライバーさんの登場。今度のドライバーさんは、人の良さそうなおっちゃん。1時間ほど移動して、テルアビブの観光に連れて行ってくれた。主に海岸線を走ったり車を停めてハーバーを案内してくれたりした。港に隣接するレストラン街の一軒で彼と昼食をとる。魚料理のお店。日本人の感覚だと安くはないが、世界的な基準で言えば当然のレベル。日本円で一人6000円程度。一通りの観光を済ませ、最初に泊まった海岸線のホテルに戻る。日曜日のためか、多くの人が街に出ている。ホテルの目の前はヨットハーバーで、その脇はビーチになっている。そこには、多くの若者が集まって思い思いの形で休日を楽しんでいた。

そんなイスラエルの人々と触れ合って、特徴的だったことが三つある。一つ目が、女性が綺麗でスタイルが抜群なことだ。そして、水着の面積が世界一小さい。この国の女性の水着はほぼ全員Tバックで、しかもお尻の形が良い。モデルの森泉さんが水着でそこら中にいるとでも言えばいいのか、とにかく目のやり場に困る。二つ目が、男女共に健康志向であること。太った人はほとんどいない。海岸沿いには遊具が設置されているのだが、子供が遊ぶ遊具ではなく、何と筋トレに使う遊具だったりする。そして三つ目は、男女の仲が良いこと。砂浜では、男女のグループがビーチバレーをしたり、輪になってサッカーボールを蹴《け》ったりしている。ボールを地面に落とさないように囲んだ円の中で回すのだが、女性も上手に足でボールを扱う。

そしてもう一つ、印象深かったことがある。エルサレムの警備でも感じたのだが、警官は男女同じレベルで配置されている。日本のそれとは違い、本当の意味での男女平等が実現されている。詳しい人に聞いてみると、イスラエルには男女共に徴兵があるという。イスラエルの徴兵制度は、高校を卒業すると入隊して男性は3年、女性は2年が任期だという。兵役がきっかけとなり、仲間同士で起業したりする人も多いらしい。

私は、イスラエル人の生き方から多くを日本人が学ぶべきだと思う。具体的には愛国心、食生活、教育、ビジネスに対するイノベーションなど。帰国後に大変な状況になったが、徴兵制度も形を変えて日本人の再教育の場として活用できるのではないだろうか。これによって男女の違いやそれぞれの良さを認識することで、結婚観や子育てにも変化が生まれるのではないだろうか。さらには、そこで知り合った仲間同士での起業などの機会も増えるだろう。国を想う活動に期待したい。

イスラエルでも多くの気づきを得る結果となった。翌日は、早朝5時50分の飛行機。ようやく不安だった中東の国々での旅を終えて、ヨーロッパへ向かう。

ところで、帰国後の2023年11月に、ベツレヘムをガイドしてくれた彼にメッセージを送った。現地のことが気になったからだ。短いメッセージが返ってくる。

「気にしてくれてありがとう。嬉しいよ」

世界中にできた、愛する人の幸せを願いたい。

中東での気づき　2023年5月11日～5月22日

■ドバイは確かにゴージャスな街だが、作り物感が漂う。

■日本の自然や歴史的建造物の価値は高く、そこに商機があるのではないだろうか。

■エジプトのピラミッドやスフィンクスなどの遺跡も素晴らしかったが、見方を変えるとこれらは過去に繁栄した国の跡、廃墟であるとも言える。

■これほどの繁栄を誇ったエジプトでも、今はゴミを片付ける労働力を確保できない。ゴミ問題は、そこに住む人の心理的環境の悪化にもつながる。この問題を解決できるのは、日本人かもしれない。

■イスラエル人の生き方には、見習う点や日本人との共通点が多い。その1つとして、男女平等に行われている徴兵制が大きく関係しているように思える。日本にも形を変えて、歴史教育や、国を守り、支える教育の仕組みとして男女共に導入できないものか。

第四章

ヨーロッパの光と影

イギリス

人口　6708万人（2020年）
首都　ロンドン
面積　24万3000平方km（日本の約2/3）
通貨　ポンド（GBP、2023年6月時点で1GBP＝約150円）
言語　英語
宗教　英国国教会など
名目GDP　2兆3170億ポンド（2021年）
1人当たりのGDP　3万4311ポンド（2021年）

ノルウェー

人口　525万人（2022年）
首都　オスロ
面積　38万6000平方km（日本とほぼ同じ）
通貨　ノルウェークローネ（NOK、2023年6月時点で1NOK＝約12円）
言語　ノルウェー語、サーミ語
宗教　福音ルーテル派が大多数
名目GDP　5793億米ドル（2022年）
1人当たりのGDP　10万6328米ドル（2022年）

ドイツ

人口　約8482万人（2023年6月）
首都　ベルリン
面積　35万7000平方km（日本の約94％）
通貨　ユーロ（EUR、2023年5月時点で1EUR＝約150円）
言語　ドイツ語
宗教　キリスト教カトリック、キリスト教プロテスタント、ユダヤ教
名目GDP　3兆8620億米ドル（2019年）
1人当たりのGDP　4万6473米ドル（2019年）

ポルトガル

人口　約1030万人（2024年）
首都　リスボン
面積　9万2225平方km（日本の約1/4）
通貨　ユーロ（EUR、2023年5月時点で1EUR＝約150円）
言語　ポルトガル語
宗教　キリスト教（カトリック）が大多数
実質GDP　約2764億米ドル（2023年）
1人当たりの名目GDP　2万6880米ドル（2023年）

スペイン

人口　約4760万人（2022年）
首都　マドリード
面積　50万6000平方km（日本の約1.3倍）
通貨　ユーロ（EUR、2023年5月時点で1EUR＝約150円）
言語　スペイン語。他にバスク語やカタルーニャ語など自治州ごとの公用語も認められている
宗教　憲法で信仰の自由が保障されている
GDP　約1兆4005億米ドル（2022年）
1人当たりのGDP　2万9421米ドル（2022年）

※外務省HPより。ただし各国通貨の日本円との為替レートは筆者調べ

二つの顔を持つ街　～ポルトガル・リスボン～

ついにヨーロッパに上陸。最初の国はポルトガルで、初めて訪問する国だ。首都のリスボンに5月22日から25日朝まで、3泊4日で滞在した。

ポルトガルは、この旅で出会った人から聞いた話では最も評判の良いエリアの一つだった。旅の最中、「この後どこへ行くの？」という質問をよく受けた。「ポルトガルのリスボンに行くよ」と伝えると、「あそこはいいよ！　食べ物は美味しいし景色は綺麗だし、気候もいい」なんて話をよく聞いた。期待に胸を膨らませながら、朝の9時50分にポルトガル・リスボンに到着した。

リスボンでの滞在は3泊と短い。宿泊費は高く、1泊のホテル代が日本円で3万円以上だった。リスボンに限らず、ヨーロッパでは宿泊費が高い。なので、今回もＡｉｒｂｎｂを利用することにした。Ａｉｒｂｎｂだと日本円で1泊1万5０００円程度。1万円以上も節約できる。部屋の広さより交通の便を優先して予約した。

空港からの移動は、今回もウーバー。ネットにつなぐのはｅＳＩＭを利用した。今回は上手くつながった。私の場合、自分のｉＰｈｏｎｅ12にあらかじめウェブで購入したＩＤを設定するだけで、ヨーロッパ各国でインターネットが使えるようになった。3ギガの通信容量を30日間使えるタイプを13ドルで購入していた。

ｅＳＩＭのおかげでスムーズにウーバーを手配し、宿に到着。まずはチェックイン。Ａｉｒｂｎｂのチェックインには色々な方法がある。今回は建物の1階がミニスーパーになっており、そのスーパーに行って暗証番号を伝える。すると店員さんが専用のキーボックスに暗証番号を入力してくれ、合致すれば鍵が出てくるシステムだった。そのスーパーを含む建物全体を、若いインド系の人物が所有しているようだ。日本では中国をルーツとする華僑《かきょう》が有名だが、実は華僑以上にお金を回しているインド人が世界各国に進出している。彼らは印僑《いんきょう》と呼ばれ、今や世界中を席巻している。

部屋は6畳ちょっとで、同じフロアに6部屋程度あった。エレベーターはなく、鍵をもらうとスーパーの店員さんが私の荷物を担いで3階の部屋まで連れて行ってくれた。部屋に荷物を置いて、まずは腹ごしらえ。近所のレストランを探す。知らない街でレストランを探すには、グーグルマップが役立つ。グーグルマップにはレストランの項目があり、その文字をクリックすると地図上にいくつものレストランが表示される。しかも評価点付きである。さらに現在営業中のお店だけを表示させることも可能だ。もちろん全て正確ではないが、無駄足は最小限で済む。目の前のレストランの評判が良かったので、行ってみることにした。

レストランで食事を済ませた後、街に出る。レンタルの電動キックボードを移動手段として利用することにした。ちょうど宿の目の前に置き場があった。今回の旅でレンタルの

活気に満ちた夕暮れ前のリスボンの街

電動キックボードを利用するのは、これで2回目。実はイスラエルでもレンタルの電動キックボードを利用し、大活躍してくれていた。今回もこれを借りることで、行動範囲をかなり広げることができた。

　最初に訪れたのは、マルティン・モニス広場。ここでバザーをやっていた。多くの屋台が出店されていて、これまで訪れたアジアや中東の雰囲気とは全く違う。まさにヨーロッパの雰囲気。人も多く繰り出していて、とても活気がある。街にいる人々の表情も明るい。とても好印象だ。流石、評判の良い街。

　その広場を中心にキックボードで周辺エリアを回り、歴史を感じる建物やコメルシオ広場を観光した。ここにはかつて宮殿があったがリスボン地震（1755年）によって崩壊し、その後広場となった。コメルシオ広場は「貿易の広場」という意味で、現在は市民たちの憩いの場となっている。

調子に乗って探索を繰り返していると時間は瞬《またた》く間に経ち、21時を過ぎていた。マルティン・モニス広場に戻って、屋台で何か食べようとお店を探す。しかし、ほとんどのお店が閉店間近。辛うじてパンを買うことができたので、それを食べる。しばらくすると全てのお店が閉まり、広場から人が一斉に去っていった。

すると、街の様相が一変する。この時間に街にいるのは、居場所を失った黒人の集団だ。彼らは日中も広場にいたのだが全体の数からするとその割合は少なく、気にするほどのことではなかった。しかし人影がなくなった夜の10時過ぎになると、街に残っているのは彼らだけになり、目立つ。彼らは身体も大きく、万が一の場合に抵抗できない。恐怖感すらある。何かあっても助けを呼べる雰囲気ではない。夜のリスボンは、昼間とは全く違う顔を見せていた。早く帰らなくては。慌てて宿に戻る。夢の街も、タイミングを誤ると大変なことになる。

リスボン2日目は、一日をまるまる要する観光ツアーに申し込んでいた。その日に参加できる日本語ガイド付きのツアーはなかったため、英語ガイドのツアーに参加した。世界中で、日本人観光客は少数派になっている。もはや希少生物のようだ。ツアーに参加すると、バスに20名程度の海外からの観光客が同乗していた。アメリカ、ドイツ、オーストラリア。中でもドイツからの参加者が8名と多く、目立った。若い女性の二人連れがいたり、家族4人で来ていたりと、コロナ後のドイツ経済の復活を感じさせる出来事だった。当時日本ではまだマスク着用が一般的で、海外旅行をする人はごく一部。行っても近場が主流だった。9時に集合したバスツアーは、名所旧跡を巡り、17時に街に戻ってきた。リスボン市街地の観光では路面電車が有名なので、3日目は路面電車の旅を楽しんだ。リスボンでは、夜の街に出ることはなかった。4日目の朝、ウーバーを午前4時に予約して空港に向かい、次の目的地であるスペイン・バルセロナへと旅立った。

情熱の国は眠らない　～スペイン・バルセロナ～

情熱の国、スペイン。スペインも初めて訪問する。スペインも実際に訪れてみると、それまで持っていたイメージを大きく覆された国だった。

スペインでやると決めていたことは、サッカー観戦とサグラダファミリアなど世界的に有名な建造物の見学だった。とは言え、サッカーの試合も一年中やっているわけではない。そして私が訪問している間に、FCバルセロナのホーム試合があるとも限らない。事前に日本で調べてみたところ、私が滞在を予定している期間に、未確定ながらもちょうど

ＦＣバルセロナの最終戦が行われるようで、これもツイている出来事だった。

旅に出発する2カ月ほど前のことだ。ヨーロッパでの滞在に息子が同行するか、もしくは私の友人がスペイン滞在の間だけ旅に同行するか、という話が出てきた。息子か友人か、どちらかが来るかもなあ――そう思い、旅の出発前にＦＣバルセロナ最終戦のチケットを2枚購入しておいた。チケットは日本からでもネットで購入できる。しかし、正確な時間や日程は直前まで決まらない。この辺りが日本では考えづらい状況だが、だから海外は面白い。試合の開催が土曜日なのか日曜日なのか、キックオフは18時なのか19時なのか、全て直前まで未定。最終決定後に、チケット購入者にメールで通知されるようだった。

宿泊先は、ポルトガル同様Ａｉｒｂｎｂを利用した。スペインもホテル代が高い。スペインでは、泊まっても悲しくならないレベルのホテルを利用しようとすると日本円で最低1泊3万5０００円以上。この旅の宿泊予算は、1泊1万5０００円。倍以上もする。仕方がないので、Ａｉｒｂｎｂを使って1泊2万円前後で泊まれる部屋を探した。街の中心から若干離れた場所だったが、条件に合う部屋を見つけた。アパートメントのワンフロアに共同のトイレとシャワー、リビング、キッチンがついている。私はこの旅の間、Ａｉｒｂｎｂを利用する際にはちょっとしたお花を持っていくようにしていた。今回も小さなひまわりの鉢植えを10ユーロで買って、管理人の女性に渡した。彼女は喜んでくれ、リビングのテーブルの中央にその花を飾ってくれた。いいことをしたように思えて、気分が良い。清潔だったがやや無機質だった共有スペースのリビングが、鉢植えのおかげで心地よい空間になっていた。その部屋には、5月25日から29日までの4泊5日で滞在することになった。

部屋で荷物を整理した後、早速街に出た。すでに夕刻。古いゴシック建築の建物と近代風のビル群が共存する賑やかな街に集まる人々に、コロナ騒動の記憶は全くないようだ。夜のバルセロナはリスボンとは違い、人も多く安全な雰囲気。夜に外出できなかったリスボンでの借りを返すように、夜のバルセロナの繁華街へ突撃した。ここでは歩いて探索。グーグルマップがここでも最強のアイテムとして大活躍した。

分かりやすい大通り沿いにある高評価のレストランで、食事をとる。料理に加え店員さんの対応も素晴らしい。日本のような「おもてなし」という雰囲気ではないが、顧客を楽しませようとする視点や対応が心地よい。飲食店はサービス業だということを、改めて認識する。食事を済ませた後は、人が集まっている場所を探して歩く。見つけたのが、レイアール広場だ。カフェやバル、レストランが立ち並ぶ割と大きめの広場だった。時刻は22時を過ぎていたが、まだまだ多くの人で盛り上がっている。一際目立っていたのが、大きなガタイの女性たち。でも、あれ男性だよね——。いわゆるドラァグクイーンってやつのようだ。しかし、ヨーロッパの人は体格が良い。変な絡まれ方をされても困るので、流石の私でも写真を一緒に撮ってとは言えなかった。

広場周辺で雰囲気の良さそうなお店を見つけ、お酒を少々いただく。その後は賑やかなお店に行って若者たちと盛り上がり、部屋に帰る。すでに24時を過ぎていた。街はまだまだ絶好調。バルセロナは不思議な街だ。雰囲気は違うものの、街の活気は昔の六本木並みだ。広い範囲で、夜遅くまで盛り上がっている。部屋に着くと、同じようなタイミングで他の部屋に滞在している人たちも帰ってきた。バルセロナは、夜も名物なんだな。

続いてバルセロナ滞在2日目。この日もエキサイティングな一日になった。まずは部屋で荷物などを片付けながら前夜の興奮を抑え、昨夜パトロールしたレイアール広場で目をつけていた昼から営業しているアイリッシュバーで昼食。午後からは市内観光。2階建てのオープンバスに乗る。バスは1周を約2時間かけて、バルセロナの街をゆっくりと回る。バスには多言語でガイドが聞けるイヤホンが付いており、一応日本語も選べる。バルセロナの全体像と街を把握するのにちょうど良い。乗り降り自由のこのバスの仕組みは、よくできている。私は途中下車して、街を一望できるモンジュイック・ロープウェイに乗った。

ここには城があり、山の上では17~18世紀頃に造られたと見られる海に向けられた大砲が印象的だった。バルセロナは港町であり、港には超大型の豪華客船が5~6隻も停泊していた。世界中から多くの人が集まる街だということを再認識した。

その後は街に戻ってレストラン探索。グーグルマップを基に評価の高いお店を探索。しかしその日の夕食は、軽くタコスで済ますことにした。食べ過ぎは厳禁。帰国する時にカッコいいオヤジになって帰るためにも、連日食べ過ぎて太ってしまうことは避けたかった。

夕食後に部屋で一休みしていると、ふとあるアイデアが思い浮かぶ。そうだ、ポルトガルでは行けなかった、いわゆるクラブへ行こう――。色々調べると、バルセロナで人気のクラブは深夜1時から始まるという。眠い目を擦り、いざ社会見学へ。

クラブまでは徒歩30分の距離だったが、歩いていくことにした。深夜1時過ぎだったのでちょっと不安だったが、こんな時間でも人通りは多く、思ったよりは安全そうだ。無事クラブに到着。店の前に人が集まっている。入店は無料で、中で頼むお酒は一杯12～15ユーロ。店内は盛り上がっている。しかも意外なことに客層は40代が中心で、年齢層が高い。50代もいるようだ。旅行に来た人たちのエネルギーは、相当高い。とは言え、もしかすると私が最年長かもしれない。1時間くらいかけて雰囲気を楽しみ、帰って就寝。

バルセロナ滞在も3日目だ。この日も激動の一日となった。滞在3日目の課題は、翌日に行く予定のサッカー観戦。結局息子も友人もスペインには来なかったので、チケットが1枚宙に浮いてしまった。無駄にするのはもったいない。この旅のテーマは、挑戦。街に出て一緒に行ける人を探そうか？　それとも一人で行くか？　あるいはダフ屋に売るか？　捕まってしまっては、洒落《しゃれ》にならない。

そうだ、まずは前日に行ったアイリッシュバーで働いていた女の子。あの子を誘おう。彼女はスペイン語より英語でのコミュニケーションの方が得意だった。勤務時間の関係もあるから都合良くいかないかもしれないが、無理なら友達を紹介してもらおう。それでもダメなら、誰か街にいる子に声をかけよう。宿にいる人を誘ってもいいかもしれない。課題を整理し終えた。

そこで、改めて旅の経過と今後を頭の中で整理してみた。すると、この後行くノルウェーでの列車のチケットの一部をまだ買っていなかったことを思い出す。日本の新幹線感覚で、きっと自由席もあるだろうし、いつでも買えるだろうと高《たか》をくくっていた。ところが確認してみると、何と乗りたい列車のチケットが売り切れてしまっていた。「え〜、新幹線みたいに自由席はないの？」。こう聞くと、「ありません」とけんもほろろ。買い残していた路線は、ベルゲン急行という列車。「急行」だというから私の地元・横浜の京浜急行レベルだと思っていたら、これが大間違い。なんと6時間45分から7時間も乗車する路線だという。値段も、日本円で一人約1万5000円。息子の分も入れると約3万円だ。大変だ、またピンチ！　ピンチの度に「今回も何とかなる」と思うのだが、この日は何となく不安が拭えなかった。最悪の場合、すでに予約済みだったノルウェーのホテルから何まで、全てを変更しなければならない。

どうすればいいのか。ベルゲン急行には夕方便や深夜便もあるようだが、夜中に到着しても景色は見えない。白夜だったら見えるのかもしれないが、それを期待するのは博打《ばくち》が過ぎる。ルートを変えるべきか？　ノートに予定を書いて整理する。可能性を探す。すると見つかる。早朝便があるではないか。６時25分オスロ発で、ベルゲンに13時10分着。ちょうど良い！　でも本当にこれで大丈夫……？　不安になり、何度も確認する。日付、時間、行先、二人分の予約ができるのか……。問題なさそうだ。しかも、安い。何と通常便の半額。嬉しい。救われた。ツイてる、ツイてる！　大袈裟《おおげさ》なようだが、この時は本当に絶望から救われたように思った。

早速ウェブで注文しよう。あれ？　予約ができない。画面には早朝便の選択肢が出てきて選択できるのだが、先に進めない。え〜、やっぱりダメなの？　選択して進めようとすると、「sold out」の文字が出てくる。どうしよう。そうだ、予約方法をパソコンからスマホに変えるか、パソコンのブラウザを変えよう。パソコンで違うブラウザを起動させて予約してみると、今度は上手く進めた。良かった。今回も助かった。この旅の間はそんな経験ばかりで、ドキドキが止まらない。世界中、インターネットで何でも予約できるようになったとは言え、言語や意味の理解、プログラムの問題で簡単にはいかない時もある。ブラウザ上で翻訳をかけたまま先に進もうとするとエラーが出る時もある。数々の不安定要素がある。便利にはなったが、まだまだ発展途上である。

気を取り直して15時過ぎに宿を出て、あのアイリッシュバーに向かう。行ってみると、昨日の彼女がいるではないか。話しかけると、私を覚えてくれていたようだ。いいぞ！

料理を注文して、しばらくしてから切り出す。

「Do you like football?」

「No, I don't.」

あちゃ～。でもひるまず続ける。

「I have 2 ticket FC Barcelona tomorrow.」

さらに、「お友達で好きな人はいない？」とも英語で付け加える。すると、彼女が答える。

「No, I do not understand.」

そっかー。ダメか……。でも、表情は悪くない。思い切って「ねぇ、一緒に行かないの!?」と聞いてみると……。

「ＯＫ！」

18時に仕事が終わってからで良ければいいよ、というようなことを言っている。やった～！　挑戦が叶った！　また、イメージが現実化した。ツイてる、ツイてる。何たる幸せ。先ほどのピンチから大逆転だ。後は、チケットをきちんと確認しておかなければ。入場には、事前にＩＤ登録が必要だ。名前、生年月日、パスポート番号、国籍などを登録しておかなければならないようだ。

登録しようとすると、今度は生年月日の入力で進めない。ブラウザを変えてもダメ。落ち着け。そうだ、今は出先からスマートフォンで登録しているが、パソコンからだと変わ

想像以上に荘厳な印象を受けるサグラダファミリア

るかもしれない。部屋に戻って、試してみる。すると、成功！　彼女の名前はシルビア。ポーランド出身で、何と27歳。色白で背の高い素敵な子で、表情も豊か。明日が楽しみだ。

滞在3日目の夕方は、サグラダファミリアへ。スペイン旅行の大切なファクター。こちらも入場には、予約が必要。19時10分のチケットしか買えなかったが、ちょっと遅れてしまいそう。どんな仕組みなのか。レンタルした電動アシスト付き自転車で向かう。大分勝手も覚えたので、スイスイ進む。楽々サグラダファミリアに到着。自転車を置き、セキュリティチェックを受けて中に入る。ガイド付きのツアーだというが、どんなものだろうか。すると、誰かが付くのではなく、アプリをダウンロードして言語を選んで音声の説明を聞くシステムだということが分かる。親切な女の子のサポーターさんにお世話になる。

しかし、サグラダファミリアは壮大な建物だ。設計したアントニ・ガウディって、どんな人だろうか。今さらながら調べてみると、30歳でこのサグラダファミリアの設計を始めたそうだ。自然を愛し、全ての考え方は大自然の法則に基づいているのだという。

サグラダファミリアでの観光を終えて、帰路に就く。しかし電動自転車は快適だ。ただ、その街の交通ルールも知らないで乗っているので、慣れるまでは特に注意が必要だ。一方通行や置き場所にも気を付けなければならない。

帰りに街を探索していると、ユニクロを発見。靴下3足を買う。日本だと3足1000円程度だが、ここでは12ユーロ（約1800円）と少し割高。でも品質が良いので大満足。

ここでもユニクロは大人気。日本の誇りだ。立地も割と良く、ヨーロッパの街並みの中にあるとオシャレ感満載に見える。場所が変われば価値も変わる。人にもものにも言えることだ。日本で評価されなくても、落ち込む必要はない。自分探しより、心地よい居場所探し。そんな気づきを、バルセロナのユニクロでもらう（笑）。

そして滞在4日目となる翌日、シルビアの勤めるアイリッシュバー近くで待ち合わせをして、FCバルセロナのリーグ最終戦へ行く。待ち合わせは18時。キックオフは19時。タクシーを拾って向かうが思うように進まず、ちょっと遅れて入場。活気がものすごい。ここは、ヨーロッパサッカーの聖地であり地球規模でのサッカーの聖地とも言える、カンプノウスタジアム。スタンドも大きく、何と10万人を収容する。歌と地響きで興奮が半端な

念願だったカンプノウスタジアムでのサッカー観戦！

い。

しかもリーグ最終戦！　終了と同時にセレモニーを観ることができた。今期ＦＣバルセロナは、リーグ優勝を飾った。色々なアナウンスが流れていたが、スペイン語でよく分からない。もちろん、英語でも分からないと思うが……。

しかし、分かったことが一つだけある。約40分のセレモニーの最後を飾る曲が流れた。

聞き覚えのある曲。よーく聞いてみると『蛍の光』ではないか！　日本から遠く離れたスペイン・バルセロナの地で我々の馴《な》染《じ》みの曲を聞くなんて感動的。スペインは親日なのかと思ったが、後で聞くところによると『蛍の光』は日本固有の楽曲ではないそうだ。しかし、その時は分からず感激していた。フィナーレを飾る曲が流れ、トドメに花火も打ち上げられる。

何と幸せな時間なんだ。繰り返し感じる感謝と感激。この旅で何度目かとなる、夢か現実かを疑った瞬間だった。


その後、シルビアと夕食をとる。その先の話については、皆さまのご想像にお任せしたい。翌朝の出発は早く、空港到着が5時。4時30分にウーバーの迎えを予約して寝る。

明日は、ノルウェー。進路に悩む息子と合流だ。次の展開に駒を進めよう！

お手本となる国を息子と二人旅 ～ノルウェー・オスロ／ベルゲン／フロム～

スペインまでの旅は若干のトラブルはあったものの基本的には順調で、気候も温暖な地域ばかりだった。持ってきていたダウンジャケットの出番はなく、荷物になってちょっと邪魔かなと思い始めていたが、ついに出番がやってきた。ノルウェー。この旅の中で感じた、日本が目指すべき国トップツーの一つ。なぜなのか。その理由を含めて、道中を紹介していきたい。

ノルウェーには5月29日から6月3日まで滞在した。

バルセロナ・エル・プラット国際空港でノルウェー行きの飛行機のカウンターに行くと、そこに集まる人たちだけ雰囲気が違う。服装が違うのだ。5月も後半になるとバルセロナは相当暖かく、薄着で行動している人が多い。そんなバルセロナに突然現れたダウンジャケットを着た集団。ズラリとカウンターに並んでいる。ダウンジャケットの出番の到来を感じると同時に、ノルウェーの気候を想像する。

約3時間半のフライトを終えて、無事ノルウェーの首都・オスロの空港に到着する。空港内で悩める19歳の息子と合流する。出発前に二転三転した息子の同行だったが、結果的に彼が当初から希望していたノルウェー1カ国のみとなった。オスロにあるカフェに行きたいらしい。初めての海外への一人旅だったので、彼も不安だっただろう。日本からノルウェーへの直行便はなく、フィンランドのヘルシンキでトランジットしてやってきた。

息子には、イスラエルで壊れたお気に入りのスーツケースと全く同じものを日本で買って持ってきてもらった。マレーシアで買うより約1万円安かった。なお購入費用は、壊れたスーツケースを買った時に使ったクレジットカードの保険で回収できた。

旅の行程は、首都オスロの民泊で1泊。翌日、ベルゲン急行で約6時間半移動してベルゲンに。そこのホテルで1泊。そこから翌日、高速船でフロムへ行き、そこのホテルで1泊。翌日、列車でオスロまで戻り、再びオスロで2泊する。その後私はドイツ・フランクフルトへ移動し、息子は帰国する予定だ。5泊6日での息子との二人旅である。これまで北欧の国を訪れたことはなかった。息子が希望したこともあり、素晴らしい景色を求めてノルウェーを旅の行程に追加したのだった。

到着してみると、私の知っているヨーロッパ諸国とは違う独特の雰囲気が漂う。近代的な建物が目に付くが、その中に上手く木材を取り入れていて、他にはない街並みだ。まずは息子と日本でいう在来線のような電車に乗り、予約した民泊へ向かった。すると電車の中で面白いことが起こった。車内で座っていると何やら軽く足を蹴られた感覚がした。前に座る人が間違えて蹴っているのかと思い顔を上げると、そこに満面の笑みを浮かべた地元の人らしき40～50代の夫婦がいた。「Japanese?」と聞かれたのでそうだと答えると、そこからちょっとした会話につながる。意外とフレンドリーな国だ。その夫婦が安いチケットの買い方を教えてくれ、さらに降りる駅を間違えないようにとアドバイスをくれた。入国して間もなかったが、すでにノルウェーに対して好印象を抱く。

宿は、最寄り駅から徒歩で10分弱のところにある低層のアパートメントの1階。30代の若者が自宅の一室を貸していた。費用は日本円で1室1万5000円程度。近辺のホテルは1泊3万円からだったので、安い。ほぼ半額だ。ノルウェーの物価は、予想していた通り高い。宿代、移動の列車代、観光の高速船など、全てが高い。もちろん食事もだ。日本の2・5倍から3倍だと言えば伝わるだろうか。ただ、仕組みとしては上手くできている。物価や税金が高いのだがそれ以上に国民の収入が高く、一人当たりのGDPは日本円で約1500万円と世界でも最上位クラスの国の一つ。教育に対する社会保障も厚いので、当然国民の満足度や気持ちの安定度も高くなる。非常に上手い仕組みになっていて、日本も見習うべき考え方だと思う。

ノルウェーは元々資源もなく、貧しい国だったらしい。寒くて農業には適しておらず、輸出できるものもないため外貨が稼げない。バイキングの国だったという印象を持つ人もいるかもしれないが、それには理由があったのだ。ただ資源を持たざる国という面では、日本も同じ。それが、１９６９年に北海油田が発見され一変する。発掘された石油は全て輸出し、自国では使わない。自国の電力には従来同様に水力発電を使っている。この考え方も面白い。もう一つ特徴的なのは、白夜。私が訪れた5月の終わりにはすでに日の出が4時、日没は22時50分であった。ほぼ一日中明るいので人が動く時間が長くなり、経済的にもプラスになる。

到着した日は日曜日だったせいか街に人がほとんどいない。立ち並ぶ建物は大きく立派だが、人の少なさに誰が使うためのものなのか疑問さえ覚える。部屋に荷物を置き、息子がこの旅の目的としていたカフェに向かう。息子はコーヒー好きで、カフェを巡ることが趣味だという。ここでの移動手段は、今回も電動キックボード。クレジットカード決済で借りられ、価格も安く免許なしで乗れるため便利だ。もちろん駐車場もいらない。乗り捨てＯＫに近い仕組みだ。

さてこの日の目的地であるカフェだが、「FUGLEN COFFEE ROASTERS」という店

息子と一緒に訪れた「FUGLEN COFFEE ROASTERS」

名だ。実は日本にも進出していて、現在東京・神奈川・福岡に六つの店舗がある。その発祥の地であるノルウェーに行きたかったらしい。聞いてみると、そのエピソードが面白い。バリスタチャンピオンでもあり数々のコーヒーショップを成功させているオーナーのアイナール・ホルテ氏と、日本でカフェをオープンさせようと情報収集の旅をしていた若者が出会いその教えを乞うたらしい。その時のアイナール氏のセリフが何ともカッコいい。

「世界中に良いカフェは沢山あるが、ノルウェーのカフェも最高だぞ。ただで教えてやるから、その代わり君たちも学びに来たやつがいたら教えてやれよ」

こう言ったとか言わないとか。その寛容さがたまらなく心地よい。日本のそのお店が大好きな息子には、その聖地のような発祥のお店は感動的な場所であったようだ。言われてみると、空港からの電車で足を蹴って降りる駅を教えてくれたあの夫婦も、アイナール氏と似た感じだったように思う。そのカフェは、スターバックスのようにドリンクだけではなく居場所をも提供しているお店だった。コーヒーの微妙な良し悪しは私には分からないのだが、そんな私にとっても心地よい空間だった。息子にとってはそれ以上で、日本から飛行機を乗り継いで約16時間かけても来たい場所だったようだ。

その後、電動キックボードでヴィーゲラン彫刻公園へ行く。600以上の人物像がひしめき合う、自然あふれる公園である。流石は文化国家。文化に対してお金がかけられている印象を受けた。

ノルウェーの特色は、他にいくつもある。一番は、やはり白夜。22時過ぎまで明るい。その分、人も動いている。そして高い環境意識。今では賛否両論あるが、世界一EV（電気自動車）の普及率が高い国家である。街のあちらこちらに充電器がある。日本にも路上パーキング、コインパーキングは多くあるが、そのほとんどにコンセントがついているようだと言えば近いだろうか。

「理想の国」の片鱗《へんりん》を感じつつ、翌日からの豊かな自然を楽しむ旅に思いを馳《は》せた。

2日目は、フィヨルドの旅。ノルウェーの大自然を2泊3日、列車と高速船を駆使して旅をする。いざ出発。スペインで大変な思いをして予約したベルゲン急行に乗り、ホテルに泊まる。まずはオスロ中央駅からベルゲン急行に乗り、6時間38分の絶景を楽しむ旅へ。まさに世界の車窓から。

列車に乗ると最初に目についたのは、景色ではなかった。私の席の2ブロック前にいかにもインド人風の30~40代の夫婦が乗っている。そして彼が着ている服は、何とサッカー日本代表のユニフォームではないか。こんなところで日本を感じるなんて……！　さらにそれを着ているのは異国の人。気になって仕方ない。声を掛けたい。でも、何と言おう？　せっかくの彼の姿を見たら、普通の声掛けでは申し訳ない。しばらくの間考える。そして、答えにたどり着く。

「Are you Japanese?」

彼は、私の問いに驚き固まっている。そして、隣に座る奥さんが大爆笑！　奥さんが、私に答える。

「He is big supporter!!」

絶妙な回答。何と嬉しい返事だろう！　ユニフォームを着た彼は、まだ何が起こったか分からないような顔をしている。お礼を言ってその場を離れる。最初の一言に集中しすぎて、残念ながら次の言葉につながらなかった。言葉は途切れてしまったが、心がつながった気がした瞬間だった。そんな列車の旅は、噂通りの絶景の連続。緑あふれる山々と時々現れる街並み……。ちょうど5月の終わりで、日本よりもちょっと遅れた春の訪れを感じ

ベルゲン急行にも無事乗車

る景色。心地よい。列車が1時間半ほど走った辺りから、雪景色が見えてくる。川となごり雪、水は凍っている。流石北欧の国、わずか数時間の移動で気温も気候も変わる。そんな景色を楽しんでいるとあっという間に6時間半余りが過ぎ、14時30分。ベルゲン駅に着いた。

ベルゲンは、ノルウェーの第2の都市。以前は首都だった場所。と言っても1299年までで、今は田舎の港町といった風情《ふぜい》だ。駅からホテルまで、息子と迷いながら探索。グーグルマップを見ながら行ったり来たり。やっとの思いでたどり着く。

途中、港の脇にある屋台のレストランで遅いランチをいただく。シーフードを軽く食べて、二人で日本円で約1万円。日本で食べたら3000円くらいの感覚だ。やはり物価は高い。隣に座っていた韓国から観光に来た婦人は調子よくしゃべり調子よく食べて3万円、という感じで会計を済ませていた。ここノルウェーでも、日本人を見かけることはほとんどない。見かけるアジア人は中国人か韓国人。彼らは明らかに我々日本人の感覚よりお金の使いっぷりがいい。日本人にもこんな時期があったことを思い出す。日本の体たらくに、危機を感じる。

その日はベルゲンで1泊し、翌朝フロムへ高速船で向かった。フロムへ向かう目的は、移動中の景色だ。フィヨルドの意味である「入り江」の絶景を楽しむ旅。ネイチャーサファリ。景色、空気、自然を満喫する旅。

高速船の所要時間は約5時間半とダイナミック。フィヨルド見学は五感全てを刺激してくるような、これまでにない体験だった。フロムに着くと、そこには大型の客船が停泊している。世界中の豪華客船が停泊する街のようだ。宿代は奮発して、日本円で1泊1室4万円弱。落ち着いた雰囲気の中型ホテル。このホテルを予約するのも大変だった。

フロムでは、自転車をレンタルしてそのエリアを探索する。山あいの景色を楽しむ程度だが、ノルウェーの田舎の落ち着いた、何とも言えない雰囲気を息子と楽しんだ。夕食は、街のレストランでいただく。20時を過ぎてもまだ明るい。入り江と山あいの独特な雰囲気をたっぷり堪能することができた。

翌日は、徒歩で街を探索。その後、観光列車であるフロム鉄道に乗る。この列車がまた面白い。途中停車して滝を見せてくれる。滝の上には神秘的なファッションをした女性がいて、ダンスを踊る。作り物の気配がして若干の違和感を覚えるが、世界中から来た観光客は写真スポットとしてみんなで写真を撮っていた。

しばらく走ると、乗り換え地点に到着。ここで行きにも乗ったベルゲン急行に再び乗車。白夜の中、首都オスロへ戻った。戻ってきたオスロではまた民泊を利用し、そこで2泊した。駅からタクシーで10分ちょっと走った郊外にあるアパートメントの一室。ここでも鍵は、ミニスーパーの店員から受け取る方式。貸出専用で3部屋を貸していた。アパート前の道路にはEV用の充電器が並んでいた。流石は世界一EVが普及している国。充電設備も充実していることを実感した。

翌日は、電動キックボードを使って街を探索。数年前に開館したばかりのムンク美術館などを訪れた。ノーベル平和賞で有名なノーベル平和センターは建て替え中で入れなかったが、首都オスロを十分満喫できた。次の日に私はドイツ・フランクフルトへ向かい、息子は東京へ帰る。進路や自分の生き方に悩む息子と5泊6日を共に過ごしたが、深い話はあえてしなかった。ただ普段と違う環境で、二人きりで時間を共有した。この経験がお互いの未来にどう影響するかはまだ分からない。ただ、この先の人生への種を蒔いた気がした。

先進国の真実　〜ドイツ・フランクフルト〜

ドイツは、日本の未来の姿かもしれない。

ノルウェーを発った後、6月3日から6月6日まではドイツ・フランクフルトに滞在した。本来フランクフルトではブラジルに向けてのトランジットだけの予定だったが、アメリカ・サンフランシスコで中小企業診断士の仲間と合流するため日程を少し調整する必要があり、ヨーロッパでの滞在期間を延ばしたのだった。

あまり知られていないが、ブラジルへはドイツ・フランクフルトを経由するのが所要時間的に短いらしい。２０２１年に開催された東京オリンピックで、私は羽田空港でボランティアをしたのだが、その時もブラジル代表はドイツ経由で帰国していた。ブラジル代表選手らが並ぶ列の後ろにいたブラジル駐在の日本人に聞いたところ、北米経由ではなくヨーロッパ経由が時間的には最短だと言っていた。

そしてドイツでハブとなるのが、フランクフルト国際空港である。10年以上前に一度クライアントと視察に来た経験があるが、それ以外にはほとんど知識も経験もない。ＥＵの中央銀行があるため、ＥＵの中心なのかなという程度の印象だ。

ドイツの主要産業はメルセデス・ベンツやＢＭＷ、アウディなど誰もが知るブランドがあることから分かるように自動車製造が有名だが、他にも機械製造、化学品、電気・電子製品、医療技術、エネルギーなど様々。ドイツ製品はその品質の高さから世界的にも有名で、強力な産業基盤を背景に世界最大級の輸出国の一つとなっている。私の滞在中にも聞いたが、GDPは日本を抜いて世界第3位になったという。

フランクフルトは正式にはフランクフルト・アム・マインという名称で、ドイツ中西部に位置する都市。ドイツで5番目に大きな都市。EUの重要な金融センターの一つとしても知られ、ドイツの経済、文化、交通の中心地の一つだ。

そんな都市に滞在をした私は、衝撃を受けた。

ドイツに滞在する日本人の知り合いは、いない。今回ヨーロッパでの滞在を延長することを決めた際に、ある経営者仲間の息子さんのことを思い出し、連絡をしてみた。私より一つ年齢が上となる彼から、息子がドイツに留学していると聞いていた。ドイツでは外国人でも大学の授業料が免除されるらしく、さらにアメリカとは違う文化を学びたいという希望もあり、視察を繰り返して進学先にドイツを選んだようだ。我が家の息子と年齢が同じということもあって親近感を抱いていたところに、「ドイツに行くならうちの息子がちゃんと勉強しているか、松井さん見てきてよ」という父君の軽いジョークに乗っかって、連絡をさせてもらうことにした。彼との出会いもこの旅の大きな収穫になった。名前は、澤田拓海さん。彼は、2022年からハイデルベルクというフランクフルトから電車で1時間程度離れた郊外に滞在していた。立地的にもフランクフルトの近所で、ここでもツイていた。父君から教えてもらった彼のLINEに連絡を入れてみると、ハイデルベルクを案内してくれるという。ドイツ3日目は、ハイデルベルクへ行くことになった。

フランクフルトでは、中央駅からすぐ近くの四つ星ホテルを予約した。四つ星の割には、料金が安い。またツイている。安くて良いホテルに泊まれそうだと、ウキウキしながら向かった。空港からは列車。どこの国でも列車に乗るのは一苦労。切符を買ったりカードを買ったりの仕組みを理解するまでも時間がかかるし、クレジットカードが使えたり使えなかったりする。ドイツでも苦労しながらフランクフルトの中央駅までたどり着いた。

中央駅は10年ぶり2回目。以前と変わらず重厚な雰囲気。流石はドイツの大都市の中央駅だと思っていたが、その認識がしばらく歩くと一変する。ドイツの駅には、改札がない。周りを歩く人の服装や動きが、何か違う。EUの金融の中心地らしくない。駅からホテルまでは歩いて3分程度だが、駅前の道路に出るとそこら中にゴミが散乱している。道路の状況が、その地区の治安の象徴だ。何か危ないぞ。アフリカ系と思われる若者が、大勢でウロウロしている。大声を出したり目がうつろだったり。明らかに正常ではない。ここはどこなんだ。本当にフランクフルトにいるのか？　自分を疑った。そんな連中から逃れるようにホテルを探す。路地に入るのが怖い。ホテルは大通りに面していて、そそくさと入った。ホテルの中は静かだが外があまりにも恐ろしく、信じられない気になった。

夜、ホテル横のコンビニ前にたむろする若者たち。万が一のことを思うと、買い物にも行きづらい

チェックインして、その後は遅めの昼食をとるために近所のレストランを探す。誰かが大声で怒鳴っている。ここは、本当に先進国のドイツか？　ドイツの印象が、一変した。近くのレストランで軽く食事を済ませてホテルに帰る。レストランの店員は、大声で騒ぐ若者を慣れた対応で追い返していた。これが日常だと気づく。

ドイツは多くの移民を受け入れたことで、このような社会を創ってしまったのだろう。全ての移民が悪いわけではないが、職あるいは食にありつけない若者らは集まって愚痴を言うだけの人生になってしまっている。白い粉を小さな袋でやり取りしている姿も見られる。世界の変化に愕然《がくぜん》とした。ドイツでは街中の移動は極力避け、ホテルに滞在してやるべきことを済ませることにした。

ドイツ滞在3日目、ハイデルベルクの駅で拓海くんと待ち合わせをした。余裕を持って駅に向かうが電車のチケットを上手く購入できず、ギリギリの電車になった。ところが電車は遅れるし、遅れたと思っているとなぜかアナウンスされていた到着時刻より早く着くしで、混乱の連続。やっとの思いで拓海くんと合流。街を散策する。彼は、流暢《りゅうちょう》なドイツ語でそつなく私を案内してくれた。ドイツ語については相当勉強したようだ。彼は小学校から私立に通うが、中学受験や高校時代では挫折を味わっていたようだ。そんな苦しみから抜け出すために覚悟を決めてドイツまで来たそう。留学開始から1年。彼の語学力から、その覚悟を感じ取れる。ハイデルベルクはドイツ中央の城下町。教育に対する意識が高いらしく、大学受験前の語学習得の地としてここを選んだようだ。ここはフランクフルトから1時間離れていることもあり、あのカオスのような状態はない。

拓海くんからは、多くのことを学んだ。ドイツのこと、若者が考えていること。それに加えて、興味深い話を聞いた。ドイツの列車は国鉄だという。運行が遅れるのが日常。その対応も悪い。警察含め、公務員の対応も悪いらしい。民間にする意味や、サービスが向上する効果を実感した。実は、空港でも入国審査時に列の前の一組の家族が困り果てている姿を見ていた。豊かそうには見えないものの至って普通の家族が目の前で入国を許可されず、書類がないなどの因縁をつけられているようでなかなか前に進まない。審査官がその家族を痛めつける様子は、見るに耐え難い光景だった。

ドイツは、多くの難民を受け入れていると同時に、成長率も低い。フランクフルトの街の様子から見ても、格差が広がっているのだろう。移民との格差だけではなく、公務員や国営企業など所得の低い職業に従事する人と、自動車や医療機器など成長産業に従事する人との間の格差も広がっているのだろう。ポルトガル、スペインで出会った豊かなドイツ人たちと、国内で見たもう一つのドイツ人たち。彼らが組み合わさっているのが、ドイツの現状だと感じた。

旅を通して変わりつつあるモノの見方 ～イギリス・ロンドン～

ドイツの後にはイギリスにも立ち寄ったので、簡単に紹介したい。

有名な話ではあるが、イギリスの正式名称はグレートブリテン及び北アイルランド連合王国。「ブレグジット」により2020年にEUを離脱したため、通貨はユーロではなくポンド（GBP）。

そんなイギリスの首都・ロンドンには、6月6日から4泊した。ロンドンでは体験を中心に、エンターテインメントに触れ合った。ロンドンのホテルも高額。狭い部屋に高額な金額が設定されている場合が多い。ここでも民泊の活用。ロンドン中心部から15分ほど地下鉄で移動したところの郊外の古いアパートメントの一室を借りた。地図が間違っていたため、たどり着くまでに30分以上迷子になった。ここでもお花を買ってプレゼント。部屋の持ち主の娘さんが窓口なのか「私に⁉」といった様子で、とても喜んでくれた。部屋を出る際も「お花をありがとう」と言ってくれた。意外と律儀なお嬢さんで、気分もいい。

ロンドンでの移動は電動アシスト付き自転車を3日間フル活用。自由な一人旅。周囲の目も気にせずに、ロンドンの街で結構な距離を爆走した。この自転車は、乗り捨て禁止エリアを除いて街の路上でも乗り捨てが可能。ビッグベン、大英博物館、金融街など主要な場所を訪れた。大英博物館を訪れるのは2回目だったが、初めて訪れた約30年前の時のような感動はなかった。その理由は明確だった。今回の旅で訪れたエジプトなどで本物の遺跡を見てしまったので、大英博物館の展示品は植民地時代におけるエジプトからの盗品かと思えてしまい、喜んで見る気になれなかったのだ。良し悪しは別にして、旅を通してものの見方が変わった気がした。

そんなロンドンでは、日本との連絡が増えていた。流石に日本を出発してから1カ月以上仕事を空けているので、色々なことが起きてくる。ある程度は覚悟して進むしかない。そんな思いを持って、いよいよ未踏の地・南米に向かう。

ヨーロッパでの気づき 2023年5月22日～6月10日

■場所が変わると、新たな価値や評価が得られることもある。大切なことは「自分探し」ではなく自分の「居場所探し」。自分探しの成功者には、あまり出会ったことはないが、居場所探しの成功者には世界中で出会ってきた。

■日本より治安のいい国は世界を見渡してもほとんどないが、日本以上に人生を楽しむことができた場所の1つがスペイン・バルセロナだ。日本の治安にこの視点を強めることができれば、日本の新しい魅力になるかもしれない。世界中の人の交流の場になる。

■グーグルマップの重要性は、情報を得る上でも情報を掲載する上でも世界最高水準！　日本でのグーグルマップへの情報発信は、最重要である。

■平和意識、環境意識、健康意識が高く、文化水準も高いノルウェーは日本がお手本にすべき国の1つ。油田という資源を掘り当てたことが大きいとは言え、経済政策やお金の使い方がとにかく上手だ。国を丸ごと真似るのではなく良いところだけを学ぶことが重要である。

■一方ドイツの現状は、反面教師としなければならないかもしれない。復活、繁栄の陰に多くの問題を抱えている。

■イギリスもかつては今の日本と同じように長引く不況に苦しんでいたが、こちらも油田を発掘したことで1人当たりの名目GDPは改善している。日本は今なお「持たざる国」ではあるが、やってやれないことはない。

第五章 不安と期待が交錯する南米

ペルー

人口 約3297万人（2020年）
首都 リマ
面積 約129万平方km（日本の約3.4倍）
通貨 ソル（PEN、2023年7月時点で1PEN＝約40円）
言語 主にスペイン語
宗教 キリスト教カトリック、キリスト教プロテスタントなど
GDP 2020億米ドル（2020年）
1人当たりのGDP 6127米ドル（2020年）

ボリビア

人口 1222万人（2022年）
首都 ラパス（憲法上の首都はスクレ）
面積 110万平方km（日本の約3倍）
通貨 ボリビアーノ（BOB、2023年6月時点で1BOB＝約16円）
言語 主にスペイン語。他に先住民言語36言語
宗教 キリスト教カトリックが大多数
名目GDP 431億米ドル（2022年）
1人当たりのGDP 3523米ドル（2022年）

チリ

人口 1949万人（2021年）
首都 サンティアゴ
面積 75万6000平方km（日本の約2倍）
通貨 ペソ（CLP、2023年6月時点で1CLP＝約0.14円）
言語 スペイン語
宗教 キリスト教カトリック、福音派など
GDP 3169億米ドル（2021年）
1人当たりのGDP 1万6070米ドル（2021年）

ブラジル

人口 約2億1531万人（2022年）
首都 ブラジリア
面積 851万2000平方km（日本の22.5倍）
通貨 レアル（BRL、2023年6月時点で1BRL＝約23円）
言語 ポルトガル語
宗教 キリスト教カトリック、キリスト教プロテスタント、無宗教など
名目GDP 1兆9200億米ドル（2022年）
1人当たりのGDP 8917米ドル（2022年）

※外務省HPより。ただし各国通貨の日本円との為替レートは筆者調べ

恐怖の南米体験のスタート　～ブラジル・サンパウロ～

ついに南米にやってきた。ドイツ・フランクフルトから約11時間のフライト。6月10日15時30分にイギリス・ロンドンを出発し、フランクフルト経由でブラジル・サンパウロのグアルーリョス国際空港に着いたのは6月11日の午前4時。日本との時差は12時間。この旅も中盤から後半に入っていく。

出発前に最もチャレンジングで不安だったのが南米。私が聞く限りでは、良い話と悪い話とでは悪い方が多い。やはり治安面が一番気になった。日本では、南米は貧しさから治安が悪いと思われていて、携帯電話やカバンを無理やり盗られる映像が頭に焼き付けられているような部分もある。にもかかわらずそこへ行こうとするのは、それ以上に好奇心をそそられるからである。ブラジルであればアマゾン川やイグアスの滝、コルコバードのキリスト像やカーニバル。他にもイースター島やナスカの地上絵やマチュピチュ、ボリビアのウユニ塩湖など地球の裏側にある南米大陸でないと見られないものも多い。

残りの人生、いつ何があるか分からない。気力面、体力面を考えても、行くなら今のうちだと考えて思い切った。とは言え、不安も大きい。

そんな南米大陸に足を踏み入れ、この旅もいよいよ佳境に入った。南米の旅は、ここサンパウロから始まる。

サンパウロやリオデジャネイロといった都市が知られているが、実はブラジルの今の首都はブラジリアだ。ブラジリアは60~70年ほど前に造られた新しい都市で、内陸部の開発を進めるために遷都された経緯があるそうだ。

南米の旅のスタート地点となるサンパウロはブラジル経済の中心地であり、「南米のビジネスの首都」とも呼ばれている。サンパウロは多文化都市としても知られており、イタリア、日本、アラブ、中国など多国籍のコミュニティが存在し、その文化的影響は食文化や祭りなどに顕著に見られるようだ。特に日本人移民の歴史が深く、リベルダーデ地区は南米最大の日本人街としても知られている。

そんなサンパウロに着いたのは早朝だったため、まずは空港でのんびりコーヒーを飲みながらホテルまでの行き方を確認することにした。流石に電車はちょっと怖いのでタクシーを利用しようかと検討するが、空港から40分ほどかかるらしい。電車だと1時間半もかかる。タクシー代は日本円で8000円程度が目安だという。それならばと、ウーバーを探してみると6000円程度で行けるようだったが、ブラジル版ウーバーとも呼べる「99」というサイトだと約3000円。大きな差が出る。早速99で車を呼んでみる。待つこと、10分。おじさんドライバーがやってきた。英語は全く通じないが、何とか乗り込む。

夜が明けた街を見ながらホテルまで約40分のドライブ。空港からは、少し走ると立派な鉄道が走っている。これはワールドカップやオリンピックの成果だろう。街並みは、決して清潔ではない。壁にはオシャレな絵が描かれていて目を引かれるが、信号待ちの最中には道端で正体の分からない布を売り歩いている人も見かける。ホテルに近づくにつれて、あることに気が付く。

「おや、道路に落ちているゴミの量が増えてきたぞ！」

恐怖感が走る。街がゴミだらけで、ホームレスらしき人もそこら中をうろついている。事前にチャットGPTを使って調べたところ、宿周辺はサンパウロ美術館や大きな公園もある閑静なエリアだということだった。こんなはずではなかった。他の場所のホテルへ移動しなければならないかも……。覚悟しておこう。

そんなことを考えている間に、ホテルの近くまで到着。ホテルのそばに日本の牛丼チェーン「すき家」の店舗があるので、目印になりそうだ。そしてホテルの前で車を降りると、斜め前の交差点角にはパトカーが停まっていて、警官が待機している。なぜだろうと訝《いぶか》しんだが、その理由は後になって分かることになる。

ブラジルの物価は、日本と比べて安いものも高いものも混在する。例えばハイネケンの小瓶を頼むと、ファーストフード店だと日本円で330円から420円程度。ブラジルのビールだと、もう少し安い。これは日本と比べるとお得に感じる。一方ホテル代は変動が激しく、私が宿泊した三つ星ホテルで1泊6000円から1万7000円と、数日で大きく変わる。これは日本の相場と比べると、少し割高に感じた。

さてホテル到着後は、少し休んでからおっかなびっくりサンパウロの街を探索へ。この日は日曜日。そこら中でお祭り騒ぎをしている。みんな薄着でうろついている。なんだろう。大きな音のする方へ歩いて行くと、大音量で大行列のパレードが行われている。すごい日に来てしまったものだと思ったが、それもそのはず。この日、ここサンパウロでは世界最大のプライドパレード「LGBT+プライドパレード」が行われており、なんと300万もの人が集っていた。警官はこの警備のためにいたのだ。ちなみにこの「プライド」は「ゲイ・プライド」と呼ばれるものであり、性的マイノリティの人々が自らの性的指向に誇りを持つべきという概念を表す言葉だそうだ。

私が街に出たのはパレードの終盤であったが、驚くほど大きな音量と多くの人が街を覆っていて、そこらの路上では不可思議な格好の男性同士が手をつないでいたり路上で濃厚なキスをしたりしていた。見たことのない光景をまた、見てしまった。大通りを閉鎖して練り歩くパレードは、17時頃終了したように見えた。

しかし、このままでは終わらなかった。私が泊まったホテルはメインの通りから1本入った場所にあったが、日が暮れた20時頃再度ホテルの外に出ると、今度はホテルの前の路地を収拾がつかないほどの人々が占拠して練り歩いていた。これぞ、カオス状態。人々は、これまで見たことのないような密着度で歩いていた。その当時、日本ではまだコロナ騒動の余波が収まらず、大半の人がマスクをしている時期だったのに、だ。この違いは何

サンパウロで行われていたプライドパレード

だろう。

そんなことを考えつつ、その人波に流されてみた。明らかにＬＧＢＴ以外の若者もいる。もはやプライドパレードではなく単なるお祭りになっているが、その気になって男同士で絡み合っているようにも見える。デリケートだが、慎重に考えるべき問題だと再認識させられた。

そして翌日。街はまた一変して穏やかになった。美術館も定休日。街をぶらついた。しかし、なかなか興が乗らない。実は、私が見たかったものの大半は、サンパウロではなくリオデジャネイロにあることに旅の途中で気が付いていた。恥ずかしい話だが、私はサンパウロとリオデジャネイロを混同していたのだ。コルコバードのキリスト像も、コパカバーナのビーチも、みんなリオデジャネイロにある。私はそれらがサンパウロにあるものと勘違いしていたため、当初の計画ではリオデジャネイロに行く予定はなかった。もちろん道中での変更も可能だし、実際に後でリオデジャネイロを訪れることにしたのだが、広い南米を行き来するため日程を組み直すのは簡単なことではなく、しなくてもいい苦労をする羽目になってしまった。

サンパウロからリオデジャネイロへは、すぐに行ける距離ではなかったのだ。

スケールの大きさにびっくり　～ブラジル・イグアスの滝～

周遊券の関係でサンパウロには2度の宿泊と2度のトランジットをすることになった。サンパウロの次は、同じブラジルの南部にあるイグアスの滝を見に行くことにしていた。イグアスのホテルは、サンパウロ滞在中に予約した。ガイドもやっぱり欲しい。コロナ禍明けが原因だろうか、オプショナルツアーのサイトを検索すると日本語ガイドが付いてくれるツアーは曜日や人数が限定されている。手軽に一人で希望日に参加できるツアーはなかった。仕方がないので日本の旅行会社であるＨＩＳのブラジル支社へ連絡をしてみると、翌々日での一人ツアーの対応も可能だという。しかし、一日日本語ガイド付きで約10万円。一人だから仕方ないが、なかなかの高額だ。考えた末、半日日本語ガイド付きの6万円のツアーでお願いすることにした。

サンパウロからイグアスへは、飛行機で移動した。直行便で約1時間半。余裕は持って手配しておけば航空券も格安のようだが、直近での予約だとそれなりの価格になってしまう。南米では、チケットの手配に時間とエネルギーを費やした。「挑戦の旅」として後半戦は自力で航空券のチケット手配に挑戦したのだが、これが本当に厄介《やっかい》だった。日本ではわずか数分でできる飛行機の手配も、国が違えば日をまたいでしまうこともしばしば。予約サイトを見ても日本語が用意されていないので翻訳をかける。何とか意味を理解するも、サイトの仕組みが分からず進めないなんてこともあった。一番困ったのは、荷物の取り扱いについてだ。最安値の航空券には、スーツケースなどの預け入れの荷物の料金は含まれていないことがほとんどだ。荷物込みのチケットにすると、値段が全然違う。安いチケットは客を呼び込むためのおとりチケットのように見えていたのだが、最安値のチケットを買ってそこに別途預け入れの荷物の料金を追加で払うのが結局最も安かった。南米の旅の終盤でそのことに気づくまで預け入れ荷物の料金を含む高いチケットを買い続けることになったが、初めての挑戦かつ言葉が通じないような場所では、そういうことも覚悟しないといけない。

イグアスは何もない田舎町だったが、ちょっと奮発をしてリゾートホテルに潜り込んだ。ゴルフ場も隣接する四つ星のホテル&リゾートが、日本円で1泊約1万7000円で予約できた。ジャグジーがあったり、充実した広いジムがあったりと、豪奢《ごうしゃ》な造りだ。ブラジルのイグアスは南半球のため、6月といっても冬に近く肌寒いが、せっかくなので雨でも外のジャグジーを楽しんだ。ところでお値打ち価格で予約できたと思っていたこのホテルだったが、きちんとオチが用意されていた。周囲に何もないため、食事をホテル内のレストランでとるしかないのだ。宿泊代はそれほどではなくても、ちゃんとホテルにお金が落ちるようにできている。上手い仕組みになっているなあと少し感心しながら、コテージ風の部屋で2泊した。

そんなイグアスでは、過密スケジュールで過ごした。到着した日は何もできずに夕方からのんびりと過ごしたが、翌日はHISでお願いしていた日本語ガイドの日系二世アオヤマさんにお世話になった。アオヤマさんは20代の時に日本の工場で働いていた経験もあり、日本語は堪能。お父様の代からガイドをしているという。結婚して30代でブラジルに戻り、それからガイドを続けているという。年齢は56歳。見た目は先輩かと思ったが、私より少し若い。ブラジルのこと、滝のこと、家族や生活のことなど、多くのことを彼から学んだ。

イグアスの滝は、アフリカにあるヴィクトリアの滝と北米にあるナイアガラの滝と並び、世界三大瀑布《ばくふ》と呼ばれる滝の一つ。イグアスの滝はアルゼンチンとブラジル、それにパラグアイの3国を接点とするエリアに存在する世界屈指の滝である。その景観の美しさと規模の大きさに圧倒される。一般的には、アルゼンチン側、ブラジル側の双方からアプ

同じイグアスの滝でも、アルゼンチン側から見た光景（上）とブラジル側から見た光景（下）はかなり異なる

ローチをして見学をする。アオヤマさんにはアルゼンチン側からの見学コースをガイドしてもらった。このコースの特徴は、滝のすぐ近くまで行けること。滝の真上近くまで行って、そこから見学ができる。そこまでは金属製の橋（歩道）が設置されているのだが、数カ月ほど前に以前の橋が洪水で流されてしまったという。近くに残ったままの橋の残骸《ざんがい》を見ると、自然の驚異と、辛うじて成立している今この瞬間の安全の危うさを感じる。

アオヤマさんの話で印象的だったのは二つ。一つ目が、滝は一日として同じ姿をしていないということだ。天候や気温や季節、水量が常に違うため見られる姿はそれぞれ特徴的で見ていて飽きることがないそうだ。もう一つが、ブラジルとアルゼンチンの関係性。誇り高きアルゼンチン。品格を重んじてきた国民性。それに対して、寛容的で多くを受け入れ人口も大幅に増加し、経済力をつけてきたブラジル。全体の名目GDPを見るとブラジルがアルゼンチンを大きく引き離すが、一人当たりの名目GDPはアルゼンチンの方が高い。サッカーでもそうだが、この2国のライバル心は凄まじいらしい。イグアスの滝の観光面で言えば、間近まで行って滝を体験できるアルゼンチン側に対して、美しい滝の姿全体を見ることができるブラジル側とでは、受ける印象が全く異なる。私は幸い平日での観光を実現できたが、休日の国境付近では大渋滞ができて動けなくなるらしい。2国間のガソリンの価格差もあり、多くの人々が国境をまたいで行き来するそうだ。イグアスの滝の素晴らしさは、文字や言葉、写真では伝えきれないほどのもの。ぜひ一度死ぬ前にではなく、時間を作ってでも行っていただきたい場所の一つだと感じた。

翌日は、英語ガイドが付くブラジル側のツアーに参加した。ツアー参加者は、何と私一人。超格安でプライベートツアーを体験できる僥倖《ぎょうこう》を手にすることができた。ツアーガイドは、イギリス留学経験もある32歳の男性で、4歳の女の子のお父さんでもあるイケメン。彼は、ブラジルからの景色を満喫できる数々のスポットを私に紹介してくれた。そして彼のおかげで、泊まっていたホテルに隣接するゴルフ場で、9ホールだけだがこの旅初めてのゴルフも楽しむことができた。イグアスでの滞在は短く、2泊のみ。ただ、当初はイグアスの滝の観光に2日間を要することは想定していなかったので、ギリギリのスケジュールになっていたのだが、ガイドの彼がホテルから空港への移動を買って出てくれた。これにより、ブラジルでのゴルフも実現が可能になり、イグアスの地で滝だけではなくリゾートでのホテルステイやゴルフまで満喫することができた。彼には本当に感謝している。

イグアス滞在3日目の夕方、次の地に向けて中継地点のサンパウロに戻った。サンパウロで1泊し翌朝、ブラジルでの三つ目の街となるマナウスに向けて出発した。

アマゾン体験と2度のボッチ事件
〜ブラジル・マナウス〜

ブラジル北部にあるマナウスは、アマゾンを体験するための入口となる都市である。到着するまではアマゾン＝マナウスという印象でしかなく、何もない田舎町を想定していたが、とんでもない。２０２０年時点で約２２２万人が住む、ブラジル・アマゾナス州で最も大きな街であった。ＨＯＮＤＡやＹＡＭＡＨＡをはじめとする日本の工場も数多くあり、日本びいきな街でもあるようだ。

そんなマナウスで事件は起きる。楽しみであり、不安でもあったアマゾン体験。これをどう体験するかが、私の中では最大の悩みどころであった。古くは、日本の大学生がアマゾン体験中に殺害されてしまった事件が脳裏に残っている。しかしアマゾンの魅力も、体験した人にしか分からない何かがあると信じている。

アマゾンは一体どんなところなのか。出発前に色々と調べていたところ、世界一周堂の小林さんからアドバイスを受けた。曰く、アマゾンに行くにはまずマナウスの街に行く必要があり、そこからアマゾン川まで車で行ってその後ボートで体験するツアーがあるらしい。さらにその中でも、アマゾンツアー付きのロッジがあることを教えてもらった。早速検索してみたところ、見つかった。その名も通称「ジャングルロッジ」で、正式名称は「エボルソン・エコロッジ」という。1泊1名だと日本円で8万円程度する高価な宿だが、全ての食事とジャングルでのツアーが付いていて、マナウスの街や空港までの送迎も付いている。

私は、マナウスでアマゾン体験を3泊4日で設定した。サンパウロを出発してマナウスには午後に到着し、まずはマナウス市内のホテルに1泊する。2日目に「ジャングルロッジ」に前泊したホテルまで迎えに来てもらい、ロッジで2泊する。そして空港へ送ってもらって次の街へ移動する。そんな計画を立ててサンパウロを出発した。

ブラジルは広く、南東部のサンパウロから北部のマナウスまでは飛行機で約4時間かかる。期待と不安がいっぱいのアマゾンツアーが始まる。マナウスの空港に着いた第一印象は、イグアスとは真逆の街というイメージだった。田舎町で何もなかったイグアスとは違い、マナウスは結構な大都市だった。タクシーで予約した中堅ホテルまで約20分かけて移動する。街並みは普通の都市。意外と安心して生活ができそうに感じた。しばらく走るとこの日宿泊する中堅ホテルにたどり着く。価格の割に意外とちゃんとしたホテルのように見える。穏やかに過ごせそうだとホッとした。チェックイン後、夕食をとろうと思いネットでお店を検索する。ここから事件が始まった。

マナウスの繁華街のランドマークとして、「アマゾンシアター」というオペラハウスがある。ここを目印に99を手配。「アマゾンシアター」に向かって出発する。初めての街なので緊張感がある。車はどんどん暗い街に入っていき、しばらく走ると住宅らしき家の前で停まる。周囲は暗い。「ここが目的地だ」と、ドライバーさん。え〜、どう見ても一般の家。さらに言うと、どちらかと言えば貧しい人の家の前じゃないか。とてもシアターなんて雰囲気ではない。とは言え、東南アジアだと貧民街の近くにちょっとしたレストランがあるなんてことも。よし、とりあえずタクシーを降りてみよう。車はそのまま立ち去った。多少交通量のある路地という雰囲気の場所に、一人残される。

とりあえずその家の住民らしき人に「アマゾンシアター」の場所を聞いてみるが、ポルトガル語の翻訳機が上手く動かない。「アマゾンシアター」と声に出してみるが、ジェスチャーで返事をくれる。どういう意味かは分からないが、どうやら場所を間違えたらしい。車はすでにはるか彼方。もう一度99で車を呼べばいいと思っていたが、現実は甘くなかった。スマートフォンの電波の受信状況は悪い。何とか電波がつながっても、近くに車がいない。これはまずいぞ！　見知らぬ街で突如独りぼっちになってしまった。ブラジル・アマゾンを目前に、まさかのボッチ事件発生。ここからどうやってホテルに帰ればいいのか。どうすればアマゾンシアターへたどり着けるのか。ただ、内心はどうにかなるだろうとは思っていた。しかし、人通りのほとんどない初めて過ごすブラジルの暗い街で独りぼっちになると、心中は穏やかではなかった。

あの手この手を試すこと90分。ようやく99につながり、手配した車が迎えに来てくれた。懲りずにアマゾンシアターに連れて行ってもらうことにした。今度は無事到着。アマゾンシアターは、コンクリート建築を中心とした立派な劇場であった。早速グーグルマップで近くの名店を検索する。洒落たお店で夕食をいただき、ホテルに戻った。

一つ目のボッチ事件が解決して一息ついたところだったが、実はその裏で二つ目のボッチ事件が発生していた。

先に述べたアマゾンツアーで2泊する予定のジャングルロッジ。宿泊予約は完了していたのだが、その後上手く連絡がついていなかった。旅の途中にもメールでジャングルロッジに送迎についてのリクエストを出していたのだが、回答はなかった。ただ、宿泊3日前にジャングルロッジからマナウスの空港への到着時刻を教えて欲しいというメールが届いていたのだが、見落としてしまっていて、私が返信できたのがマナウス到着当日だった。その後再度の返信はないが、メールが届いていたことで私の存在は認知していると思い、安心していた。

ところがジャングルロッジへの宿泊当日になっても、連絡が全く来ない。電話を掛けるが誰も出ない。マナウス市内で滞在しているホテルの住所も記載してメールを何度か送るが、全く回答がない。9時、12時、14時……。事態に変化がないまま、時間だけが過ぎていく。滞在しているホテルのフロントにも相談するが、「電話に出るまで連絡するしかない」と言われてしまう。ジャングルロッジのホームページからも連絡をしてみるが、音沙汰なし。そうこうしているうちに、マナウスはすでに17時。またもやボッチ。待ちぼうけ。覚悟を決めて訪れたアマゾンだったが、こんな形で終了してしまっては元も子もない。「どうしよう……」。日本の自宅に連絡してみる。妻が電話に出た。事情を話すと、彼女は明るい声で「何とかしなさいよ。これまでもやってきたでしょ」と、あっさり。仕方ない。もう一度考えを巡らせてみる。そうだ、ジャングルロッジの予約時に使った予約サイトに連絡してみよう。一度その方法も試していたのだが、問い合わせはチャットボットに入力して会話するもの。AI対応のようなものなので、やり取りの最後は「直接ホテルに電話してください」と言われて終わってしまっていた。その時はそれで諦めていたのだが、今度は必死だ。日本語サイトから電話番号を探してみる。電話の対応を嫌がっているのか、最近は電話番号を探しても簡単には見つからないホテルもあるのだが、何とか見つかった。日本の電話番号だ。よし、これで解決の糸口を掴《つか》めるかもしれない——。早速電話を掛ける。つながった！　しかし無情にも、「時間外なので営業時間内に掛け直してください」という日本語のアナウンスが響く。ちーん。簡単には進まない。

しかしアナウンスをよく聞くと、英語対応なら受け付けているようだ。英語対応を希望する場合は「1」のキーパッドを押せとのこと。意を決し、「1」を押してみる。つながる。さあどうする。まさに「挑戦の旅」の真価が問われる場面。自慢の英語の実力を駆使して、感情を込めて、知っている単語を丁寧につなぐ。先方の回答は「少し待て」。もうすでに散々待っている——そう伝えたいが、表現が分からない。やきもきする。とにかく連絡が欲しい。

「I have a reservation! Please call back me!」

何度も伝える。電話口の女性は私の状況を分かったような、分からないような感じを見せる。ここで適当に引いたら、道が途絶えてしまう。そう思い、繰り返し状況を話して最後にこちらの電話番号とメールアドレスを伝え、復唱までしてもらった。流石にそこまでするとこちらの必死さが伝わったのか、女性の声のトーンが変わった。危機感を覚えたようだ。ようやく納得できたので、電話を切った。

その後5分程度で反応があった。海外では多くの人が使っているWhatsApp(ワッツアップ)というSNSを通じて、ジャングルロッジの営業担当を名乗る女性からメッセージが届いたのだ。「今どこにいるのか?」「今から迎えに行くから45分、待っていてくれ」「料金は10%オフにするから、それでどうだ?」と、矢継ぎ早に質問を受ける。話が一気に進み出した。アマゾンからどうして45分で迎えに来られるのか。半信半疑で彼女を待っていると、50分ほどしてジャングルロッジのTシャツを着た女性が迎えに来た。到着するや否や、なぜか価格交渉が始まる。ネット決済の関係で、10％オフで宿泊するかどうかを今決めて欲しいらしい。価格のディスカウントはサービスの低下や相手のモチベーションの低下が懸念されるので断り、代わりに滞在時間を延ばしてもらいたいと伝えた。通常なら午前10時チェックアウトのところを午後8時まで滞在させてもらい、さらに空港まで送って欲しかったのだ。サンパウロに戻る飛行機が朝5時のフライトだったため、通常通り午前10時にチェックアウトすると夜の時間を持て余す。そうなるともう1泊どこかホテルを取る必要があったのだが、夜中に空港に送り届けてもらえれば数時間マナウスの空港で時間つぶしをすればフライトの時間になるので、ちょうど良いと考えたのだ。その分アマゾンも余計に満喫できるし、宿泊代も1泊分浮く。私の要求は無事に通り、交渉成立。お互いハッピーな気分でマナウスの街からアマゾンのジャングルロッジに向かった。

マナウスのホテルからジャングルロッジ営業担当の女性が飛ばす車で約90分走る。道路は新しいらしくスムーズに進み、時速は120キロを超えている。音楽を流しながら、ノリノリで進む。すると懐かしの曲、バリー・マニロウの『コパカバーナ』がかかる。彼女も大好きな曲らしい。世代も私に近いのか？　二人で車内で熱唱する。盛り上がる。車は、大きな建物が全くない場所で停まった。小さな土産物屋さんらしき掘立小屋があり、そこにもう一台のピックアップトラックが待機していた。ピックアップトラックに乗り換えろとの指示。ピックアップトラックには、おじさんとお姉さんっぽい女性の二人が乗っている。素直に従い、荷物をトラックの荷台に載せて私は後部座席に乗り込む。営業担当の女性の仕事はここまでで、ここからは現地スタッフにバトンタッチなのだろうか。詳細は分からないが、ここまで来れば細かいことを心配しても意味がない。ドーンと構えて付いて行くだけだ。

そこから凸凹の道を30分ほど走り、アマゾン川らしき川のほとりに着く。そこでボートに乗り換える。この辺りの流れは、あらかじめ聞いていた。真っ暗な川をモーターボートでライトを点灯させて、慣れていないと出せないようなスピードで進む。空には見たことのないような数の星が輝いていた。

こんな面白い人生ってあるんだなぁ――。応援してくれている家族や先輩方、仲間、お客様、旅で知り合った方々、全ての人に感謝の思いが生まれる。20分程度進んだところで、ライトに照らされる緑のロッジが見えてきた。ネットでも見たジャングルロッジだ。上陸して建物に入ると、レストランに案内される。そこには夕食が準備されていた。

感じたことがないくらいの澄んだ空気と清潔な空間。虫もいない。ビールと魚のカマ焼きのような料理をいただき、ご機嫌になる私。翌朝のスケジュールを聞いて部屋に入る。ロッジの一室で、ピカピカの床が麗《うるわ》しい。ベッドでは白鳥の形をしたタオルアートがお迎えしてくれている。ジャングルだというので、高温多湿で虫がウロウロするような部屋を

アマゾン川流域は、抱いていたイメージとは全く違って静かな雰囲気

想像していた。実際は真逆で、エアコンがゴウゴウと唸《うな》り、冷えすぎるくらいに効いている部屋だった。ピカピカの床の部屋で、虫も動物もいない。エアコンを切っても快適。無臭、無音の静謐《せいひつ》な空間だった。インターネットの電波は流石に悪く、辛うじてロッジのフリーWi-Fiのアンテナが1本だけ立っていた。その日は早めに寝て、翌朝8時出発のジャングルツアーに参加することにした。

　ジャングルロッジ滞在2日目。昨晩のドタバタ劇から一変して、アマゾンを楽しむ。アマゾンは、想像とは全く違う印象だ。テレビでは面白おかしく、恐怖を煽《あお》るように紹介されることが多いが、実際に自分の目で見てみると、地球上で最も自然が調和している場所ではないかと思う。空は青く、木々は緑で水も深緑色、黒色にすら見える。アマゾン川の川面《かわも》は穏やかだ。海ではなく川なので、波はない。手を突っ込んだら即座にピラニアがやってきて指をもぎ取られるなんてことも起きない。もちろんそういう怪魚の類もいるだろうが、私が見た怪魚は、太い糸で縛った魚を生簀《いけす》に投げ込んで怪魚に食いつかせるというショーのために飼われていた魚だけだった。テレビに出てくるような獰猛《どうもう》な生き物はいるにはいるのだろうが、いつでもどこにでもいるわけではなくて、わざわざ探して見つけてこなければお目にかかれないようだった。静かで過ごしやすい気候、無音の空間。これが、私そして多くの日本人が恐れているアマゾン川流域の実態だとは、訪れるまでは全く知らなかった。

そしてアマゾンの旅も最終日。この日もボートツアーに出た。海のような川から生えている木々はまるで森林のように川岸を埋め尽くしている。以前ディズニーランドで体験したジャングルクルーズは、この風景を見事に再現していた。しかし当然アトラクションとは違い、最後に鉄砲でバーンと撃つようなシーンはない。世の中のものの多くが造られた空間であることを思い知らされた気分だ。

私が滞在した期間にこのジャングルロッジを利用していたのは、何と私だけだった。どうやら私だけのために急遽《きゅうきょ》スタッフたちは召集されたようだ。恐らくドタバタだっただろうが、それでも環境は綺麗に整備されていて人々もフレンドリー。8名のスタッフも一緒に大いに盛り上がり、楽しい時間を共有した。ロッジへの道中に乗り換えたピックアップトラックに乗っていたお姉さんは英語のツアーガイドで、私が帰った後はスペインからの観光客をガイドしてマナウスの街に戻るらしい。アマゾンにはまだまだコロナ禍から観光客は戻っていなかったが、その分贅沢な旅を満喫させてもらった。ここでの出会いにも大いに感謝して、アマゾンを後にした。

太平洋の向こうは日本
～チリ・イースター島～

マナウスの空港を出発し、サンパウロ経由で次の目的地であるチリの首都サンティアゴに向かった。サンティアゴは主たる目的地ではなく、イースター島に向かうための中継地点でしかなかったのだが、3泊もしてしまった。イースター島への飛行機は曜日が限定されているので便数が少なく、都合良く行き来できない。日程調整の必要があり、4日滞在した。ホテルも綺麗で、利便性の高い四つ星ホテルに日本円で1万円程度で泊まれて、ご機嫌で過ごせた。

サンティアゴの空港は、とにかく綺麗だった。それもそのはず、訪問直前の2022年に9億9000万ドルを投じて改装されていた。最新の設備とオシャレなお店やレストランが私を出迎えてくれた。私もご機嫌で、空港のレストランで調子に乗ってワインと食事をいい気分でいただいてしまった。「怖い」という南米の先入観、囚われから解放された気分だったのかもしれない。空港からは、ここでもウーバーを利用した。ホテルまでは30分程度で日本円で約２０００円。ホテルは国立図書館の前にあって、治安も良さそうだ。

南米の中でも成功している部類の都市というのが、サンティアゴの印象だ。サンティアゴは別として、南米では数十年前に建築されたと見られる立派なマンションなんかを今でもよく見かける。逆に近年に建てられたビルは少なく、街は落書きだらけで治安は低下し、過去の繁栄という印象を強く受ける。もちろんサンティアゴのように例外はあるが、発展途上国ではなく発展後の衰退国なのではと、南米全般を見ていて思う。日本がそうならないことを祈りたい。

サンティアゴには3泊し、6月23日にイースター島へ向けて出発した。しかし、そのアプローチは簡単ではなかった。このチケットを取るのにも、大変苦労した。さらに出発に際して、またもトラブル。イースター島はチリ政府にとっても特別な場所らしく、簡単には行かせてもらえない。ウェブ経由で詳細な登録を行い、承認を受けることが必要だった。ただ、それが判明したのは飛行機に乗る直前だった。ＱＲコードを使って登録をするのだが、言語やその翻訳の問題だけでなく2段階認証も加わり、なかなか進まない。飛行機の出発時間が迫ってくる。サンティアゴで4日も待って乗る飛行機。これを逃すと、この旅の目玉の一つであるイースター島に立ち寄る時間はなくなる。焦る。イースター島への飛行機に乗るには、同じチリなのにイミグレーションと同じチェックが行われる。何とか通過。イースター島へのハードルの高さが窺える。

サンティアゴからイースター島までの飛行時間は約5時間40分。まあまあ遠い。ようやく到着したイースター島は、別世界だった。空港は野原の中にあるようなイメージ。簡単な柵の向こうには、ホテルからの迎えが大勢で待っているのが見える。安いホテルを予約したので自力でのホテルまでの移動を覚悟していたが、私の名前の札を持った若者がいる。おー、これはいい意味で予期せぬ出来事。空港からは、もう一人女性観光客が車に乗った。イースター島のホテル選びは、とても難航した。どのホテルも値段が高いからだ。旅を進める中でホテル選びもすっかり目が肥えてきて、大体の相場観ができていた。場所、立地、施設・設備などから考えて、イースター島のホテルは「これでこの値段⁉」と思うものばかりだった。日本円で1泊2万円弱で手を打つことにして宿を決めた。ホテルというより民宿という方が近い宿。現地ではファミリーホテルと呼ぶらしい。ホテル前の道路は赤土で、水たまりがある。迎えの車は30年以上前の古い日本車で、あちこちが凹んでいる。覚悟していたので不満はないが、現実を受け止める。空港から街のレセプションコーナーのような場所に行き、島内観光用のチケットを買う。このチケットがないと観光ができないようだ。後で分かるのだが、ホテルの費用には初日のツアーガイド代が含まれている。この島では、基本的には観光客に勝手に周遊させない。島を理解させるために、ほぼ全員にガイドが付くのだろう。よくよく考えるととても良い仕組みだ。大切な島を守るための工夫が各所に施されている。

到着した日はレセプションだけで、翌日のツアーまで自由行動。空港から一緒だった女性と夕食をとりに街を歩く。彼女はエクアドルから一人で来た女医さんだった。忙しい合間を縫って解放の旅に来たようだ。とてもアグレッシブで行動的な人。英語が得意ではないと言うが、私よりはイケている。会話は基本英語。旅もこの頃になると何語で話しているのか分からなくなっている。細かいことは気にせず、感じたまま会話をする。分かっているような分かっていないような不思議な感じだが、気にせず進める。その日は街で見つけたレストランで彼女と食事をして宿に戻った。

翌朝。鶏の声で目覚めると、オーナーの飼い犬が部屋の扉の前を走り回っている。朝食は、宿の真ん中のスペースにある大きなテーブルに宿泊者がそれぞれ集まり、出されたパンと卵焼きをいただく。朝食場所へ行くと、チリ国内から来た若い夫婦やアルゼンチンからの60代の姉妹、それにアメリカ人中年男性がいた。彼らとは英語やスペイン語を翻訳機にかけて会話した。それぞれがこの宿の主のような顔をしているが、私より1、2日程度早く来ているだけのようだ。彼らとの朝食を済ませ、宿泊費と環境のアンマッチ具合に違和感を覚えつつガイドツアーに参加した。ガイドとドライバーの若者二人が、昨日から一緒だったエクアドルから来た女医さんと私をツアーに連れて行ってくれた。モアイ像をはじめとする観光スポットは島に点在していて、それらを車で回った。車は驚くほどオンボロ。

イースター島と日本の関係性について、紹介したい。モアイ像は基本的に海を背中にし

モアイ像と同じくらいガイドのかわいい女の子が気になる

て立っている。その理由は諸説あるようだが、現存するイースター島のモアイ像の大半は修復されたものである。観測史上最大とも言われる1960年5月22日に発生したマグニチュード9・5のチリ地震と津波によって、モアイ像の大半は最初にあった場所から流されてしまった。その後、復旧するにも費用が出せず困っていたところを支援したのが、タダノという日本のクレーンメーカーだった。タダノは1992年に重機と人を派遣して、最後にはその重機を置いていった。その石碑が残されており、ガイドたちは世界中から来た観光客にその話をしている。

ガイドからこの話を聞き、日本の誇りだと思った。さらにガイドの話を聞いていると、新たな発見があった。少し先にいるガイドと一組の白人家族が目に入ってきたのだが、ガイドが女性だったのだ。あれ、随分かわいい女の子がガイドしているぞ——。とても明るく、雰囲気の良いガイドさんだった。同じようなルートを巡っていると、彼女たちとすれ違う。ガイド同士はつながりがあるようで、挨拶をしている。うちのガイドは私を日本人と紹介したようで、彼女は笑顔で「こんにちは！」と日本語で声を掛けてくれた。おいおい、なんかすごくいい感じの娘《こ》だな——。モアイ像同様にそのガイドの娘のことが気になった。

そこで、ちょっとしたことを考えた。この旅で、望んだことが次々と叶う経験をしていた。ここでまた一つ望んでみよう。今夜はあの娘と一緒にご飯を食べよう。面白い！ これも叶うかどうか、やってみよう。

その後もしばらくガイドと私たちはイースター島を観光した。彼女たちのグループも割と近くで引き続き観光を続けていた。しばらくして島の観光が終わった。最終地点は白い砂浜が綺麗なビーチだった。すると面白いことが起きる。ガイドの彼女が向こうから一人歩いてくる。どうしたのかな、まさかいきなりイメージが現実化するのかなぁ？ そんなことを考えていると、彼女がうちのガイドに話しかけている。どうやら彼女がガイドした白人家族は、自分たちが手配した車で帰ってしまったようだ。帰るための足がないので乗せていって欲しいとのことだった。

嘘だろ、そんなことがあるのか——。目の前に先ほどの願をかけた彼女が現れ、一緒に帰ろうと言っている。彼女は私たちのグループと一緒に記念写真を撮り、オンボロ車のトランクに乗った。写真は私のスマートフォンで撮ったので、送るためには彼女のＳＮＳなどの連絡先が必要だ。自然に、私に彼女の連絡先が届く。写真とメッセージを送ってお友達になる。すると流れはイメージした通りになる。帰りの車の中の会話はいつものように盛り上がり、明るくフレンドリーな彼女は会話にも積極的で、すぐにみんなで食事に行こうということになる。もちろんスポンサーは私。女医の彼女も交えて翌日に、という約束となった。また、イメージが現実化した。

そして翌日。前日一緒にツアーを回った女医さんと二人で、前日のガイドとドライバーをまた雇うことに決めて、交渉した。少し高めの価格だったが、自由な足と現地の生の情報の価値は計り知れないことを彼女も私も知っていた。

この日は、私の今後の人生に影響を与える気づきが二つもあった。一つ目は、目の前に広がる海が太平洋だということだ。私の名前の由来となった海。ただ、私の中でこれまでは太平洋を治める＝アメリカとのビジネスを治める、くらいの発想しかなく、「アジアの成長がここ数年著しいのに、今さらアメリカはないよな」と言い訳とも諦めとも言える思考が固まっていた。そんなところに「おいおい、太平洋の先には南米もあるぞ！」と気づけたのは、私にとって大きな発見だったのだ。

そしてもう一つの気づきは、イースター島の北東部にある大きなクレーターに関係する。火山の噴火でできたそうだが、その景色は壮大で、とてつもないエネルギーが感じら

このクレーターの風景を見てもらえれば、私の言わんとすることが伝わるはず！

れるスポットだった。その景色は、2016年に公開された大ヒットアニメ映画『君の名は。』の隕石《いんせき》が落ちた後のシーンそのものだった。あまりにも似ているので、公表はされていないが、もしかするとモチーフだったんじゃないだろうか――そういう気づきを得られる場所だった。その巨大なクレーターは、私にとってはモアイ像以上に興味をそそられた。

そんな2日目のプライベートガイドによる観光も終わり、お待ちかねの食事会に向かった。その会場は、街の外れにあるレストラン。ガイドの彼女をはじめ他のガイド仲間たちやその友人、同じ宿に泊まる20代から30代の若者など計12名が集まった。

ガイドの彼女の名前はイティ。「小さい」という意味らしい。実際に小柄な23歳。大学

私の左がガイドのイティ。名前の通り小柄な女の子。超マッチョの友人（左端）らと楽しい時間を過ごした

を卒業して海外のホテルに就職するつもりだったが、コロナ騒動で就職を断念。実家が経営するホテルを、ガイドとして活動しながら手伝うことを選択したようだ。彼女やその仲間たちとの会話は、新鮮だ。やはり宗教やアニメが話題に上がる。彼女たちの仲間に体格の良い20代の男の子がいた。

彼の職業は、マグロ漁師。イースター島では、新鮮なマグロが食べられる。日本の脂が乗ったマグロとは違う、カジキマグロ系だ。次々と大物を釣り上げる彼の写真を見せてもらった。さらに夜から早朝にかけては伊勢海老が釣れるらしく、大きな伊勢海老が沢山釣り上げられた写真も見せてもらった。次回の訪問時には同行したいとお願いすると、彼は快く受け入れてくれた。

そんな超マッチョな彼に聞いてみた。

「オイ、何を食べたらこうなれるんだ⁉」

彼と彼の仲間たちは、口を揃《そろ》えて「ＴＵＮＡ！」と答えた。苦笑。そうだった。彼は巨大なタンパク質の塊《かたまり》を日々釣り上げていたのだった。そんな彼らと楽しい時間を共有し、イースター島最後の夜は過ぎていった。

翌日の出発は、14時だった。午前中は1日目、2日目と共に観光した女医さんと二人で散歩した。彼女はイースター島の旅の思い出にと、私にモアイ像の絵が描いてあるサンバイザーを買ってくれた。一人旅で出会う人々との交流は、まさにプライスレス。日常から飛び出してみることで、これまで味わったことのない出来事を沢山経験することができ、それらが人生を豊かにしてくれる。日本人は、豊かさを再定義する時代が来ている。それを再認識したイースター島の旅だった。

ある日本人との出会い　～ボリビア・ラパス／ウユニ塩湖～

イースター島を出発し、サンティアゴに戻った。空港で時間をつぶした後、今度はボリビアのラパスへ向かった。お目当ては、世界的に有名な観光地であるウユニ塩湖だ。ところでボリビアでは、入国時にコロナのワクチン接種証明の提出を求められた。この旅を通して、唯一接種証明を求められたのがここボリビアだった。

ボリビアは観光業が重要な収入源となっているそうだ。また、ウユニ塩湖にはレアメタル（希少金属）の一種であるリチウムが埋蔵されており、その埋蔵量は世界最大とも言われている。リチウムはＥＶのバッテリーや蓄電池の生産に不可欠。採掘が本格的に始まれば、ノルウェーのように国が一変することも十分に考えられる。

またまた恥ずかしい話だが、ウユニ塩湖には行くつもりだったが、「ボリビアに行く」という認識は持っていなかった。ウユニ塩湖とボリビアが、頭の中でつながっていなかったのだ。航空券の手配も、ここは周遊券を使うため世界一周堂の小林さん任せだった。

イースター島の興奮も冷めやらぬ中、そんなふんわりとした気持ちでボリビアのラパスに到着すると、思いもよらぬ衝撃を受ける。寒い。息苦しい。走っている車の年式や身を包む空気が、南の島のイースター島とは全く違った。

それもそのはず、ラパスの標高は３６００ｍで、一人当たりのＧＤＰは日本円で約50万円。日本の一人当たりＧＤＰと比べると10分の１相当。そのためか、走っている車は30年以上も前の車が大半を占めている。排気ガスをモクモクと吐き出しながら、穴の開いたマフラーから爆音を出して走っている。タクシーもカードが使えない。

ウユニ塩湖に行くために、ラパスには３日間滞在した。まずは身体を標高３６００ｍに慣れさせなければならない。ラパスでの滞在は色々な意味でとても辛かったが、とても印象に残る場所でもあった。ラパスにはウユニ塩湖訪問の前後で合計５泊することになったのだが、ウユニ塩湖での出来事を先に紹介し、ラパスについては後ほどお伝えすることにする。

ラパスからウユニ塩湖のある町・ウユニまでは飛行機で約1時間、バスだと約9時間もかかる。私は飛行機で向かった。ウユニに到着したのは6月29日。飛行機の機内からウユニの町を見ると、時代を100年巻き戻したような光景が広がっていた。何もないし、砂まみれ。これは、すごいところに来てしまったぞ。ラパスに到着した時にも同じように思ったが、こちらはそれをさらに上回る。そして、ここであることに気がつく。

もしかすると、手配していたウユニでのホテルの宿泊日を間違えていたのではないだろうか……。

先に述べたように、私がウユニに到着したのは6月29日。一方、宿泊予約は6月30日で手配していたような気がしてきた。慌てて調べると、ホテルの予約は6月30日となっている。これはまずい。どうしよう。この町も交通の便が悪いらしく、飛行機を降りた後、ほとんどの人はホテルからのお迎えに連れて行かれた。私のお迎えは誰もいない。予約は6月30日なのだから、当然だ。どうしよう。こんな町で今から宿が取れるだろうか。野宿や空港に泊まることも考えたが、この寒さではとてもできそうもない。

ウンウン唸っていても仕方ない。とりあえずは翌日から予約しているホテルへ行ってみよう。この旅ではほとんど乗らないタクシーに恐る恐る乗ってみた。車内ではフレンドリーな会話を心がけることで、トラブルを未然に防ごうとする。もちろん、片言でスペイン語を話す。ホテルまでは10分程度の短い時間だったが、若いドライバーさんと盛り上がる。金額は、何と日本円で約２００円。耳を疑ったが、本当だった。ホテルに入り早速自分の宿泊予約を確認するがあるはずもなく、さらに追い打ちをかけるように本日は満室だと言い渡される。

ガーン。どうする⁉　ホテルのロビーでの滞在許可をもらって、近隣のホテルでこの日宿泊可能なホテルをインターネットで検索する。価格を含め自分の条件に合うホテルをやっとの思いで見つけ、予約をする。歩いて行ける範囲のようだ。ホッとする。５分程度そこで休んでいると。先ほど私に満室を告げたマネジャーが話しかけてくる。

「本日、部屋があると言ったよね！」

何を言っているのだろう。意味不明だ。よくよく話を聞くと、どうやらキャンセルが出たらしい。早く言ってよ、もう別のホテルを予約してしまったよ……。当日予約はキャンセルすると全額支払いになってしまうが、どうせならこのホテルに連泊したい。ここは交渉だ。

「分かった。宿泊する代わりに、今予約したホテルをキャンセルするので交渉を手伝って欲しい」

彼の手助けもあり、何とかキャンセル料を無料にしてもらうことができたので、今いるホテルに合計3泊することになった。

不思議な町、ウユニ。ウユニの7月はとても寒い。夜はダウンジャケットを着て寝た。部屋に付いているオイルヒーターだけでは、とても暖は取れない。ただ最終日の夜に気づいたのだが、このホテルのベッドには電気毛布が付いていた。フロントで告げられたのかもしれないがその時は分からず、最後の宿泊日にようやくその存在に気づいた。それまでの2泊は、本当に死んでもおかしくないくらい寒かった。

ウユニ塩湖へはツアーに申し込み、ウユニ滞在3日目に行くことになった。それまで時間ができたので、しばらく仕事に集中する。

そして滞在3日目。ウユニ塩湖へは、ウユニの町から車で2時間程度。途中他の観光地にも寄るが、大したものはない。ウユニ塩湖は、新潟県と同等の大きさだという。標高は3663mでボリビア南西のアンデス山脈にある世界最大の塩原だそうだ。この塩原は先史時代の湖が乾燥したもので、1万1000平方㎞にもわたって砂漠のような白塩の大地や岩、サボテンが生える島々の風景が広がる。この別世界のような光景は、中央にあるインカワシ島から眺めることができる。この独特な環境にはほとんど野生動物はいないが、ピンク色のフラミンゴが生息している。

ウユニ塩湖は雨季と乾季の二つの顔を持つ。11月から4月にかけての雨季には、塩湖の

見渡す限り真っ白なウユニ塩湖。鏡のような光景ではなかったが満足

上に薄く水が張りその姿が鏡のように映る幻想的な姿が見られる。「天空の鏡」とも呼ばれるこの光景が、一般的には有名だろう。乾季は5月から10月で、私が行った時は乾季。真っ白な塩の湖をひたすら車で走った。

360度真っ白な塩原が広がっていて、スケールの大きさに圧倒される。乾季だったため残念ながら鏡のような光景は見られなかったが、世界中から人が集まる理由が分かった。ウユニ塩湖は観光の名所であるため、乾季でも数多くの楽しみ方がある。コロナ禍前は多くの日本人が訪れていたようだ。私が訪問した時は、日本人はほとんどおらず、一緒に一日ツアーに参加したメンバーは香港から来た30代前半の若い夫婦2人、アメリカから3人、オーストラリアから一人、モロッコ人とコロンビア人のカップル二人、そして私の9人だった。彼ら彼女たちともフェイスブックヤインスタグラムでつながった。旅を楽しむ人々は、日本に対しても多くの興味を示してくれる。再会することを誓い、ウユニ塩湖へのツアーは解散となった。

ウユニ滞在4日目。ウユニでの最終日となるこの日に、久しぶりに日本人と出会う。女性二人組で、彼女たちも世界一周の旅をしているらしい。同じ世界一周堂さんの手配だという。大きな違いはルート。彼女たちは日本から北米経由で南米に来ていた。スタートしてまだ間もない。この日の朝、ウユニに到着したそうだ。彼女たちとは色々な旅の情報交換をした。後から聞いた話だが、彼女たちの一人がその後ウユニ塩湖のツアーで高山病にかかってしまったらしい。「回復したから良いものの、その時は本当に死ぬかと思った」。そう言っていた。高山病を甘く見てはいけない。私は、ボリビアにはラパス含め9日間もいたが、無事に過ごせた理由もここにあるかもしれない。高地に身体が慣れていたのだろう。

さて、ウユニからラパスへ戻ろう。今度は飛行機ではなく深夜バスを試すことにした。時間はかかるが費用が安い。南米大陸でバスに乗ることも挑戦してみたいことの一つだった。少々怖かったが、「挑戦の旅」を止めるわけにはいかない。費用は日本円で約350円。サロンバスで、一応贅沢な造りだ。飛行機だと預け入れの荷物の料金含め片道約3万円。格安だ。椅子も、飛行機のエコノミークラスより大きい。食事も付く。22時に出発し、揺れを我慢しながら寝ていると、翌朝6時にラパスに着いた。

バスを降りると日本人風の男の子がそこにいた。男の子といっても30歳前後だったが、私から見ると「男の子」という感じだ。声を掛けてみると、バックパッカー的に旅をしている日本人の若者だった。彼とも意気投合し、ラパスを出発するまでの1泊2日を共にした。ボリビアでは、これまでと違い日本人との出会いが加わったのが印象深い。

彼の名は佐藤正紘《まさひろ》さん、通称マサ君。31歳。大学院を卒業後、日本のプロ野球球団に就職しスポーツアナリストの仕事をしていたという。さらなる飛躍を目指して一旦球団を退職し、30歳の期限を目前にカナダでのワーキングホリデーに向かう。カナダでは前職とは違う経験をするが、その一年の期限を終えて帰国を前に控え、卒業旅行的に南米で一人旅をしていた。とてもたくましい日本人だ。マサ君とは、この後マチュピチュでも再会することになる。人との出会いで、自分の人生がどんどん豊かになることを感じる。豊かさとはお金だけではない。目には見えない豊かさがあることを再認識する。

マサ君とは、ラパスの本質を旅した。

マサ君はカナダのトロントにある語学学校へ通っていたのだが、その時知り合ったボリビア人の若い子からラパスの情報を聞いていた。ラパスの街の最も高い位置の標高は3600m以上。アンデス山脈の盆地にすり鉢状に建物が立っており、そこで都市生活が成り立っている。しかし道路は複雑に入り組み、渋滞が社会問題になっていた。移動時間の多さと排気ガスが、国民生活に多大な損失をもたらしていた。２０１２年、そんな環境問題にピリオドを打とうと立ち上がった大統領がいた。モラレス大統領（当時）だ。議会にロープウェイの計画を送り、そこから2年で最初のロープウェイが開業された。その後、次々と路線は広がり、２０２３年時点で11路線が運営されており、ラパス市民だけでなく海外からの観光客も含め多くの人々がその恩恵を受けている。

そんなラパスだが、街には山の手と下町があった。マサ君が聞いてきた話では、下町に富裕層が住み、山の手に貧困層が住んでいるそうだ。普通は逆のようにも思うが、これには明確な理由がある。山の手は、空気が薄い。それに対して下町は空気の濃度が濃い。なるほど、合点がいく。マサ君に連れられ、下町を探索することになった。中心市街地から40分ほどロープウェイを乗り継ぎ下町に着いた。確かに空気が違う。吸う空気も、街の雰囲気も両方が明らかに違う。下町ではアメリカ西海岸を彷彿とさせる雰囲気の建物や住宅が立ち並び、ドイツ車や日本車のディーラー、綺麗なホテルやレストランも点在しているのに対し、山の手では住民がドアのないボロボロの自動車に相乗りをしている。山の下と上とで別世界が広がっていた。この違いは何だろう。同じ国なのか。一生このことを知らないで過ごすボリビア国民もいるのだろう。世界の現実を知った気がした。

街ではボリビアが誇る、世界ナンバーワンとも称されるコーヒー豆を買った。その名も「GEISHA COFFEE（ゲイシャコーヒー）」。日本の芸者とは関係が無いそうだ。ボリビアでもちょっとした出会いから世界が広がった。夢の旅は続く。マサ君と別れ、今度はペルーのリマに向かう。

南米で見つけた楽園　～ペルー・リマ～

ペルーには『コンドルは飛んでいく』やアンデス山脈の高い山々の印象しかなかったが、結論を言えば、首都のリマはとても良いところだった。

リマのホルヘ・チャベス国際空港に着くと、直近に体験していたボリビアやイースター島の空港とは全く異なる規模と人の数を目にする。リマは田舎ではなく、都市だった。もちろん東京と比較するような規模の都市ではないが、日本の地方都市よりは断然活気がある。南米の中心となるハブの一つだった。「太平洋を治めようとするなら、リマもその一つだぞ！」。そんな思いだった。

その後もリマの空港は、経由地として何度も利用した。

リマのホテルは快適だった。価格も安く、泊まったエリアの治安も良く、安心して滞在できた。ホテルの近くで洒落た床屋さんを見つけ、髪を切った。ペルーの有名サッカー選手が来るお店らしく、それなりの演出が施されていた。髪を切ってくれた美容師さんとは仲良くなり、盛り上がって写真も撮影。インスタグラムのお友達になった。

活気があってオシャレなリマの街並みを見て、認識を改める

レストランでは店員さんやホームレスともお友達になった。食べきれなかった持ち帰りの料理は、ホームレスのお友達にプレゼントした。少し残念だったのが、ホテルのそばにあった南米一人気とも言われる日本食レストラン「まいど」には入れなかったことだ。残念だったが、後につながる経験になりそうだ。

リマで1泊して、翌日はナスカツアーに参加する。地上絵に加えて道中の珍しい場所を訪れたのだが、ここでは地上絵についてだけ話そう。地上絵を見るには、リマから3時間以上かけて地上絵のある最寄りの飛行場まで行き、そこで12人乗りの小型機に乗る。飛行場は新しくまあまあ大きいが、人がほとんどいない。コロナ禍の影響なのかオーバースペックなのかは分からない。

飛行場には地上絵について解説するブースがあり、色々な解説が展示されている。日本では地上絵は宇宙人が描いたものだと未だに信じている人もいるが、実際はある程度再現可能な描き方であると解説されている。日本人の常識もアテにならない（笑）。飛行機は離陸すると約30分で地上絵の上にたどり着く。絵には全てに「クモ」だとか「宇宙人」だとか、分かりやすい名が付けられている。ここまでは楽しいツアーだった。だがその後、楽しいツアーが地獄絵図に一変する。

ナスカの地上絵は肉眼ではよく分かるのだが、写真に撮るととても見づらい。だから左右に並ぶ飛行機のいずれの座席からも地上絵を確認できるように飛行機は飛ぶのだが、そのためには絵の上で何度か旋回《せんかい》する必要があるのだ。分かりやすく例えると、東京からの飛行機で富士山を見ようとしてもどちらかの窓側に座っている人にしか見られないようなものだ。もし反対側に座る人の窓からも富士山を見せようとすると、富士山の周りを旋回するだけでは不可能で、反対周りをするために飛行機の進行方向を逆に向ける必要がある。これがきついのだ。絵の数だけ、上空で旋回して右回りと左回りを繰り返す。最初はウキウキで見ていた乗客は次第に大人しくなり、最後には目の前の小さな袋のお世話になる人が出てくる。途中からは「お願いだからもう許して」「空港に戻って」と叫びたくなる。地獄のような経験だったが、無事絵を見られたことはありがたかった。雨が降るとツアーは実施されないし、天候次第なので毎日綺麗に見られるわけでもない。予定通り見られただけでも、幸運らしい。同じツアーに参加していた香港から来た若者3人と、その後一緒に食事をした。20代の女の子2人と男の子1人。思わず関係性を聞いてしまった。特段爛《ただ》れた関係ではなく、彼らは大学の同級生だった。女の子の一人は日本のアニメとアイドルの「嵐」のファンで、特に大野くん推しらしい。アニメにも詳しく、『鬼滅の刃』の話題では感動シーンを思い出し、共に泣いた。この数日後にはそんな3人とボリビアのラパス空港で偶然再会するなど、縁を感じる出会いだった。

地獄絵図の中、どうにかこうにかナスカの地上絵を眺める

翌日、一旦リマを離れた。リマは昼も夜も楽しかった。リマのホテルからはウーバーを頼む。空港に着くと、ボリビア・ウユニ塩湖で一緒だったモロッコ人とコロンビア人のナイスカップルと偶然再会する。声を掛け、また写真撮影。日本での再会を誓う。しかし、2023年9月のモロッコ地震の後、連絡が取れていない。心配だ。

まさかの決済ミス。どうなるマチュピチュ⁉

～ペルー・クスコ／マチュピチュ～

リマから同じペルー国内のクスコへ移動した。クスコでの目的は、マチュピチュ。ついに来た、天空の都市マチュピチュ！

クスコでは3泊した。7月8日12時30分、クスコに到着。クスコは、16世紀にスペインに占領されるまではインカ帝国の首都だった。クスコはリマとは異なり、歴史を感じるザ・田舎町。日本の鎌倉などのように、あえて開発を抑えているのだろう。この旅で立ち寄ったインドネシアのバリ島も同じような理由で開発を制限しているそうだ。クスコには4泊5日で滞在する予定。到着したこの日は土曜日で、マチュピチュへは2日後の月曜日に訪れる。実はマチュピチュへの訪問も簡単ではない。特別な移動手段とその予約が必要だ。マチュピチュへは、クスコからバスや車、ローカル列車で特別列車が停まる駅まで行く必要がある。そこから特別列車でさらに4～5時間移動する。特別列車を降りた後は、バスでさらに30分ほど山を登る。それらに乗るには全て予約が必要になるため、旅の途中で予約を試みていた。マチュピチュ村に入るにも予約が必要で、1カ月以上前から予約はいっぱいになる。急には予約が取れない仕組みだ。列車も人気があるため、ちょうどいい時間のチケットが取れるとは限らない。言語も違うため大変な思いをした。なかなか予約が進まなかったが、イースター島で出会った女医さんにも手伝ってもらい色々工夫をして問題点も解決し、何とかクスコまでたどり着いた。予約の証明を印刷した紙で提出しなければならない場所もあるが、それは空港で印刷しておいた。完璧な準備を整えたつもりだった。しかし、私の自信は脆《もろ》く儚《はかな》く崩れ落ちる。

出発前日となる日曜の午後。マチュピチュまでの行程と予約を確認することにした。まずは列車、OK。次に列車を降りた後のバス、これもOK。そしてマチュピチュ村の入場は……NG！

何とマチュピチュ村への入場には、予約に加えて別サイトでの3時間以内の決済が義務付けられていた。確認をすると、予約はしたものの決済が完了していないことが分かった。予約時に送られてきたメールのリンク先である支払いサイトへアクセスしてみるが、決済を受け付けてもらえない。えええええええええ！　あまりの出来事に呆然としてしまったが、このままではマチュピチュ村に入れないことは明らかだ。どうしよう。ネットで対応策を検索するが、答えは出てこない。さらに調べてみると、クスコの町役場みたいなところに国の出先機関として観光局があるようだ。しかし、今日は日曜日でお休み。出発は月曜日の9時。間に合わない。

う～。またピンチ。私の世界一周旅行からマチュピチュがなくなるのか……。とにかく唯一望みの綱である観光局の場所を確認しに行こう。前日に観光客で行列ができていた場所を見つけていたけれど、あれがそうなのかも。とにかく行ってみよう。場所や気分を変えることで新しいアイデアが生まれるかもしれない。これまで何度となくピンチを乗り越えてきた。今回も何か解決策があるはずだ。そう信じよう。

その時、ボリビアのラパスで出会ったマサ君を思い出した。彼は、旅に際してほとんど予約を取らないで動いていた。ウユニ塩湖でも町のツアーガイドのようなデスクを何軒か訪れ、内容と金額を聞いてから一番良い場所を選んで申し込みをかけたと教えてくれた。クスコの町を歩いていると、同じようにツアーデスクの存在が目に入ってきた。その店舗には、マチュピチュの写真も飾られていた。写真があるということは、行くための手配をしている可能性がある。しかし金額はどうだろう。安くはないことは想像できる。この旅の教訓でもあるが、直前での予約が一番高い。飛行機、ガイド、宿泊先……。目的を持たず、準備もあまりせずに出発したこの旅は、高いチケットを掴まされる場面も多くあった。

足元を見られそうだし、説明のためにはスペイン語を話さなければならない。手っ取り早くツアーデスクに入ることを躊躇していた。何軒かのツアーデスクの前を通り過ぎたところで、人の良さそうな中年の女性がチラシを配っているのを発見した。ちょっと相談してみよう。私の流暢なジャパニーズイングリッシュを炸裂《さくれつ》させる。彼女は、「この問題はボスが解決する」と言わんばかりの態度で私に待機を促し、裏へ消えていった。おいおい、どんなボスが出てくるんだ？　とんでもないラスボスが出てきて、すっかり乗せられて高いチケットを買わされてしまうのか？

期待と不安でドキドキしながら待っていると、インテリ風の40代の紳士的な男性が出てきた。彼女の旦那さんのようだ。ちょっと年下かな。中学生くらいの娘もお店の中をウロウロしていた。家族経営のお店だと想像した。彼は、私の話を聞いて色々な方法を試してくれた。すでにある予約を復活できないかと色々試してくれたが、これはどうやらダメ。彼は火曜日なら行けると提案をしてくれた。私は元々、月曜日の早朝からスケジュールを詰め込み、クスコからマチュピチュへは日帰りで行き来する予定にしていた。しかし実際にはクスコからマチュピチュへは日帰りでも行けなくはないが少し時間的に厳しい距離で、通常は1泊する場合が多いらしい。ボスである彼は、私にこんな提案をしてくれた。マチュピチュへの訪問に日帰りは短すぎる。月曜日に予約している交通手段のチケットをそのまま生かしてまずはマチュピチュエリアへ行き、そこで宿泊する。宿泊先は安心できるホテルを紹介する。そして火曜日にマチュピチュ村を自由な時間で観光し、その日の15時半の列車でクスコに戻ってくる。その際の列車は、今予約している月曜日の列車を火曜日に変更すればいい。これならお金の追加負担も最少で済み、最大限あなたの希望が叶う。彼はそう言う。おー、実に素晴らしい。しかし次のような懸念材料や疑問が浮かぶ。

①　火曜日の夜に重要な会議をネット経由で行う予定だった。時間がギリギリだが間に合うか。

② あんなに入村を管理されていたマチュピチュ村に、なぜ時間を選んで入れるのか。

彼に何度も、何時にマチュピチュ村に入れるのか聞いてみたが、彼はその度に「何時に入りたいのか」という質問で返してきた。会話がかみ合っていないのが気になる。また、費用はどの程度なのだろうか？　ここで数十万円の金額を提示されてしまうと、断る選択肢はないのだがちょっと痛い。②の問題も気になるが、まずは金額を聞いてみた。すると電卓で数字を見せられる。「６６６」。お～、６６６ドル。日本円で10万円弱か。各種変更の手続きやマチュピチュ村での宿泊予約や入村料、そしてクスコから特別列車の停車駅までの往復送迎など、言われてみれば手間がかかっている。覚悟を決めて、クレジットカードを差し出す。

詳細を確認すると、思っていた金額とは違う。どうやら６６６ドルではなく、６６６ペルーソルだったようだ。改めて日本円に計算し直すと、約2万５０００円。え、こんなもんでいいの？　嬉しい誤算。ボスは私のピンチを助けてくれただけではなく、懐のピンチまでも救ってくれた。手続きに少し時間がかかると言うので、奥さんとお嬢さんを誘って食事に行き、その日は解散した。

翌朝5時にボスとドライバーがホテルの前まで迎えに来てくれた。彼の指示に従ってマチュピチュ駅までたどり着くと、マチュピチュ村で泊まる予定のホテルの女性スタッフが駅まで迎えに来てくれていた。帰りの列車の変更も無事に済んだ。

お世話になったボス（左）と、マチュピチュ行きの特別列車の前で

ところで、マチュピチュまでの特別列車は食事が出たりショーが行われたりと、観光客を飽きさせないものになっていた。マチュピチュ駅で列車を降りてホームから改札に向けて歩いていると、車内販売兼車掌の女性が声を掛けてきた。「トリップアドバイザーを知っているか？」と聞いているようだ。知っていれば、列車で良かった点を詳しくそこに投稿して欲しいと言う。ペルーでは、サービス業で働く人を評価するのにクチコミを利用している様子だった。クチコミが自分の評価に直結するため、会社側と個人の利益が一致する。もちろん、問題点もあるだろうが、やる気やスキルアップにもつながる仕組みだろう。

マチュピチュ村のホテルは至って普通だったが、オーナーが日本に関係する人らしく電話で少し話をした。彼は、マチュピチュの住民ではなかった。その後、現地ガイドと16時に待ち合わせをしろとの指示が例のボスから来た。マチュピチュ村に入るチケットをもらうためだという。その時も「マチュピチュには何時に行けるのか?」「何時に行きたいのか?」という謎の問答は続いていたが、その後ようやくその問題が解決する。マチュピチュ駅近くの繁華街の一角には国の観光局があって、いわゆる遺跡のマチュピチュに入るためのチケットを一部販売していたのだ。しかもそれが当日券ならぬ翌日券だという。この翌日券は、入る時間帯を多少選べる仕組みになっていた。ここで、やっとツアーデスクのボスが言っていたことの意味が分かった。私は、朝早い時間を選んだ。さらにこの翌日券にはオプションがあり、マチュピチュ村の横にそびえ立つ山に登るチケットも買えるという。聞くところによると、とても急な傾斜を登るようで大変らしいが、「挑戦の旅」の最中の私にはおあつらえ向きだと思い、購入した。

翌朝5時。ガイドがホテルのフロントに迎えに来てくれた。そう、英語のガイド付きであの値段だったのだ。本当に頭が下がる。ガイドと一緒にバスに乗り、遺跡の入口で指定の時間を待った。入る時と出る時にパスポートを提示し、名簿に名前を書く。村に隠れて残ることができないシステムだ。マチュピチュ村は世界遺産でもあり国の最重要遺産である故、メンテナンスを含めしっかりと管理されていた。

予定の時間が来て遺跡の中に入ると、見たことのないような光景が目に入ってきた。こ

ようやく天空の都市マチュピチュに到達。この後、右奥にそびえ立つ山にも登った

れが世界中から注目されているマチュピチュなのか。写真で見る以上の迫力と美しさ。幸運にも、ちょうど向かいの山からの日の出と重なった。これも夢か幻か？　大袈裟なようだが、そんな気持ちになってしまうほどの絶景。ガイドさんとは2時間ほど一緒に過ごした。彼は英語ガイドだったが、彼の英語表現があまり分からず、いまいち理解ができなかった。彼は、例の試練の山には登らずに帰った。私はその後約2時間かけてマチュピチュ村を一望できる向かい側の山に登った。こちらの景色も負けず劣らずの絶景。道中では色々な人と出会う。苦しさを紛らわせるように、時にはお互いジョークを言って笑わせ合う。ここには世界中から人が訪れていたが、その当時日本人は皆無だった。約1時間かけて下山し、登山口で入山時に書いたサインの横に、今度は山を出ることを示すサイン

をする。ローマ字ではなく漢字で書くと、スタッフがカッコいいと褒めてくれる。ペルーはとても親日。コロナ前には多くの日本人がここを訪れていたようだ。だが、コロナ禍が収束した後で最も戻ってこない観光客は日本人だという。

日本人は、コロナの影響と円安ですっかり自信をなくしてしまったように見える。ペルーの人々は日本人を待っているような気さえしていた。

観光後、マチュピチュ駅でボリビアのラパスで出会ったマサ君と再会した。彼も偶然マチュピチュに来ていた。同じカナダのトロントでワーキングホリデーをしていた女の子と合流し、一緒に回っていたようだ。この子も明るくて活発な子だった。私の方が一日早く帰るスケジュールだったため、彼らとはすぐに別れ、一足早くクスコの町に戻った。帰りの列車でも途中にショータイムがあり、ペルーの民族衣装をまとった日本で言う鬼のような見た目の男性が出てきて踊ったり、男女二人の車掌さんたちが名産の羊やアルパカの毛を使ったデザイン性豊かな衣装をまとって、ペルーの洋服の宣伝をしたりしていた。クスコに着いた後はそこでもう1泊し、リマ経由でもう一度ブラジルに戻った。熱望していたリオデジャネイロへ行くためだ。

地球の裏側は、魅力がいっぱい！　～ブラジル・リオデジャネイロ～

6月11日から始まった南米の旅はすでに丸1カ月が過ぎていたが、深まりは増すばかりだった。私はペルーのリマ経由で再度ブラジル・サンパウロに戻り、そこから念願だったリオデジャネイロを訪問することにした。

リオデジャネイロは、サンパウロとは全く印象が異なる街だった。コルコバードの丘に立つキリスト像。そしてコパカバーナのビーチ、サンバのカーニバル。それら全てがあるのがリオデジャネイロだった。日本から見ると地球の裏側にあたるリオデジャネイロの文化をどうしてもこの目で見たかった。そのため、一度ブラジルを離れたものの、再びリオデジャネイロまで戻ることにしたのだ。しかし期間は3泊4日のみ。この短い期間で、三つの希望を叶えることにした。一つ目は、コルコバードの丘のキリスト像を目の前で見ること。二つ目は、ハンググライダーに乗って街を一望すること。三つ目は、ボサノバやサンバを感じることだった。

ブラジル・リオデジャネイロの旅は、コパカバーナのビーチから始まる。7月12日17時55分に、リオデジャネイロの空港に到着。ライドシェアの99で予約したコパカバーナのビーチにあるホテル「イビス・コパカバーナ・ポスト3」へ向かう。「イビス」は南米でよく見かけるホテルチェーンで、ここまでの旅でもお世話になっている。到着してチェックインしようとするが、様子がおかしい。どうやら上手く予約できていない雰囲気だ。この旅の中で、これまでもしばしばあったトラブルなので、もう慌てない。色々調べてもらい、結果的に問題なく泊まれた。トラブルの原因は、今回は値段の安さから普段使わない予約サイトを使用したのだが、そのサイトとこのホテルの連携が上手くいっていなかったことだった。予約確認時のメールを見せることで、時間はかかったが無事に宿泊できた。しかし、こういうちょっとしたトラブルは仲良くなるちょうどいい機会になる。トラブルになると高圧的に自己主張をする人もいる中で、低姿勢の態度だったり好感を持てる対応だったりをこちらからしてあげると、ホテルのスタッフは逆に私を大切にしてくれる。旅を楽しく過ごすために必要な姿勢だ。

コパカバーナのビーチは、オープンな空気感だった。とは言え世界屈指の治安危険地帯とも聞いているブラジルのリオデジャネイロなので、「20時を過ぎて街を歩いても大丈夫か？」とホテルのスタッフに聞いてみた。すると微妙な反応。曰《いわ》く、絶対に安全とは言えないが歩くことは大丈夫だということだ。どっちなのだろう？　とりあえず部屋に荷物を置いて街に出てみると、意外と大丈夫そう。海岸線にも出てみるが、これまで見てきた街にはちらほらといた怪しい輩《やから》は見当たらない。日本で言う海の家のようなお店に23時くらいまでいた後、ホテルに帰った。

翌日はリオデジャネイロのバスツアーに参加した。待望のコルコバードの丘のキリスト像を目の前にして嬉しくなる。予想通り景色が素晴らしい。だが実は、それ以上の絶景がリオデジャネイロにはあった。シュガーローフマウンテンだ。ここからの眺望は、ブラジルのリオデジャネイロが地上の楽園だということを実感できる。ロープウェイを乗り継ぎ、大きく隆起した山の頂上を周る。山の上から見るリオデジャネイロの街の美しさは、これだけでも訪れた価値があったと思えたほどだ。加えて内海に浮かぶ多くのヨットやクルーザーを山から見下ろすと、ここが決して貧しいだけの場所ではなく豊かな人たちの憩いの場所であることが実感できる。

ついにコルコバードの丘のキリスト像が眼前に！

観光の移動中は、同じツアーの参加者と会話を楽しむ。チリのサンティアゴから来た新婚夫婦。お互いの写真を一緒に撮ったり、観光地によくある記念撮影した写真の即時販売を一緒に値切ったりして楽しんだ。この街は世界中から人が集まる観光スポットだった。そんなリオ滞在3日目。いよいよ楽しみにしていたハンググライダーを体験する。パラグライダーでは、柔らかいパラシュートのような布を広げてゆっくりと飛ぶ。パラグライダーとは違い、ハンググライダーでは三角の凧《たこ》のようなものを人間が操作する。私は比較的高いところが苦手な方だが、前日のシュガーローフマウンテンからの景色を見てしまうと、挑戦するべき価値は大いにあると感じていた。しかし残念ながらこの日の天候は曇雨。ハンググライダーは天候に左右されるため、中止となってしまった。しかし、ツイている男は違う。翌日に振り替えできるか交渉すると、快諾してもらうことができたのだ。そう、翌日リオデジャネイロを離れてパナマに向かう予定にしていたのだが、なんと出発が夜だった。全くの偶然だが、滞在4日目の午前中は自由に使える時間があり、ハンググライダーに再挑戦できる。早朝から移動することが多いこの旅では、こんな機会はめったにない。

翌朝ホテルまで迎えの車が来てくれて、早速ハンググライダーをするサンコンラードビーチへ向かった。受付に行くと若い20代の女の子が飛び終わって写真を選んでいた。高い場所から飛んで戻ってくるところに受付がある。

「大丈夫だった？」

声を掛けると、「最高だった」と大きな反応。期待が広がる。とは言え、飛ぶのは最初が怖い。7～8年前に息子と大磯ロングビーチに行ってノリで地上10mの飛び込み台に立った時の恐怖を思い出す。その時は思い切って飛び込み、飛べたことそのものはカッコ良かったとは思うが、動画に映っていた自分の姿は腰が引け気味になっていた。そんなことを思い出しながら、手続きを進める。こういうエクストリーム系のスポーツでは、必ず自己責任を承諾するサインを求められる。仕方ないとは思うが、気持ちのいいものではない。サイン後、私と同乗するパイロットが決まる。ジョージ・クルーニーに似た、カッコいいオヤジ。イケオジとは、こいつのような男性のことを指すのだろう。年齢も近そう。聞くと、2歳年下。すぐに意気投合。彼に連れられ、車に乗る。ハンググライダーが離陸する高台を目指して、峠道を走る。イケオジは飛ばし屋のようにコーナーを攻める。元走り屋の私としては、ここでも血が騒ぐ。頂上付近にある駐車場に車を停めて少し歩くと、そこには大きく羽を広げたハンググライダーが何機も準備されていた。分業が確立されていて、流れ作業のようにハンググライダーをどんどん飛ばしていく。出発地点に着くや否や、安全装置を身に着けさせられてすぐに飛ぶ練習。凧を背負って走る方向やスピード、目線の位置の指示を受ける。凧には3台のカメラが設置されていて、飛んでいる姿の画像や動画を後からもらえる。ここでも上手くビジネスが成り立っていて、正面・横・後ろの三つのカメラの中から1台分のデータは無料でくれる。後の2台分は有料だ。山の頂上から15mほど突き出た、滑走路となる緑の板場から見る景色は最高だった。綺麗な海沿いのゴルフ場も見える。ここから見ているだけでもたまらないが、それを飛んで真上から眺められるのか。これから飛ぶ怖さと楽しみで葛藤《かっとう》していたが、相棒のイケオジは至って平常心で「スタートするぞ」と私を呼ぶ。フックを凧に付け、もう出発。頂上の駐車場に着いてからまだ5分だ。1、2、3で走り出し、高台の滑走路で足を止めず、スピードを緩めず走り過ぎる。そうしたつもりだったが、後から動画で自分の姿を見ると、ビビッて滑走

人生最高の一枚！

路先端で力が抜けていた（笑）。
とにかく飛び立った。いきなりの高揚感、そして達成感。景色だけでなく、自分にもあっぱれ！大声で叫び続ける。ブラボー！　ファイン！　ありがとう！　何でもいい。知っている限りのポジティブな言葉を叫び続けた。風を切る感覚がパラグライダーとは違い、スピード感がある。しばらくすると、急にガイドのイケオジが私の後ろに回った。これまでは二人並んで飛んでいたが、彼が私の背中の後ろに付いたのだ。何をしているかはその時は分からなかった。その意味を知るのは、着陸後10分ほど経ってからだった。
約10分の間叫びながら、彼とフライトを楽しんだ。最後は着陸。どうやら目の前のビーチに着陸するようだ。空中の時点から足を動かし走る動作をして着地しろとイケオジは言う。ＯＫ。格好を気にしない私は、着陸の大分前から足を動かし出す。無事着陸。転ばず走り切って停止。無事に大イベントが終了した。

ハーネスを外して最初の受付の場所に戻る。5分ほど待って写真の選択。ここで、イケオジが空中で私の後ろに回った理由が分かる。私の死角に回り、私一人で飛んでいるような写真を撮影するためだったのだ。おかげで日本の裏側で単独でハンググライダーを楽しんでいるかのような、人生最高の写真が撮れた。彼にチップを渡し、ホテルへ送ってもらう。行きと同じドライバーさん。朝、彼は道に迷ってホテルになかなかたどり着けなかったという出来事があったのだが、確かに仕事ができる雰囲気ではない。ちょっと自信がない感じの40代。色々な会話をしながら帰りの道中を楽しむが、ある話をきっかけにドライバーの彼の表情が一変する。その話題は、サンバ！　彼は子供の頃からカーニバルでサンバを踊り続けている。昨年はリーダーを務めたようだ。カーニバルは1年のうちわずか数日だが、そのために1年間練習を続ける。多くの意味や価値のあることが含まれており、サンバは彼らの人生そのものなのだろう。そんな話を彼がしていることは分かる。車の中はサンバのリズムでノリノリ。彼はハンドルを叩いてリズムをとる。スイッチオン。自信なさげに私を迎えに来た彼は、もういなかった。そんなノリノリのまま、ホテルに到着。ブラジル最終日だったこともあり、ハンググライダーを降りてパイロットのイケオジに現金全てをチップで渡してしまったので、ドライバーの彼にはチップを渡せなかったことが心残りだ。チップは常に残しておこう。教訓を得る。そんな興奮状態で、ブラジルのリオデジャネイロを後にした。

南米での気づき　2023年6月11日～7月15日

■南米の国々は日本にいると悪い情報を耳にすることが多いが、注意して行動すれば南米もそれほど怖い場所ではない。逆にこれほど魅力的な国々はない。

■イグアスの滝やアマゾン川は、ぜひ一度は行ってみていただきたい場所だった。

■本気で願えば、その願いは叶う。もっと正確に言えば、本気で願っていれば叶えるためのチャンスに気づき、呼び込むことができる。

■太平洋の向こう側はアメリカだけではない。南米の国々もまた、日本にとっては太平洋の向こう側だった。もっと結びつきを深めていくことができそうだ。（私の名前の由来「**洋治**＝太平**洋**を**治**める」から意識していた太平洋について）

■日本では南米＝貧困という固定観念で語られがちだが、リオデジャネイロなどは豪華なクルーザーが何隻も海に浮かんでいて、動いている。日本より余程豊かに見える。固定観念が私たちの理解、判断を誤らせる。

■南米の人々は、大人も子供も宗教とコーラと日本人が大好き。南米の若者たちは、日本のアニメを通して日本人の考え方を学んでいる。

■日本は、アニメだけでは稼げない。車や家電と違い産業としての規模は小さく、多くの雇用や利益は生み出さない。次の日本的産業創出が重要だ。

第六章

悩める中央アメリカ

パナマ

人口　約440万人（2022年）
首都　パナマシティ
面積　7万5517平方km（北海道よりやや小さい）
通貨　バルボア（PAB）と米ドル。1PAB＝1米ドル
言語　スペイン語
宗教　キリスト教カトリック
名目GDP　765億米ドル（2022年）
1人当たりの名目GDP　1万7410米ドル（2022年）

※外務省HPより。ただし通貨の日本円との為替レートは筆者調べ

〝天国〟ではなかったタックスヘイブン

〜パナマ・パナマシティ〜

7月15日19時15分にブラジル・リオデジャネイロのアントニオ・カルロス・ジョビン国際空港を出発し、ペルー・リマを経由して中米・パナマのトクメン国際空港に7月16日10時41分に到着した。最難関の南米を制覇した高揚感で、パナマに降り立った自分が誇らしかった。パナマでは欲しかったロサンゼルス・ドジャースの青いキャップを買った。空港からはウーバーを使ってホテルまで移動。この日はサッカーパナマ代表の試合があるらしく、タクシードライバーを含め多くの人がパナマ代表のユニフォームを着ていた。愛国心がある国民性だ。

未踏だった中央アメリカの国を訪れることは、「挑戦の旅」には欠かせないと思っていた。訪問したい国としては、第一希望がキューバ、第二希望がメキシコ、第三希望がパナマだったが、消去法でパナマになった。アメリカはトランプ大統領時代にキューバをテロ支援国家に再指定したことで、キューバを訪問すると次に向かう予定のアメリカでの入国時に障害が出てしまう。続いてメキシコだが、こちらは私が利用しているANA系列の世界一周周遊券の関係で乗り継ぎが上手くいかない。そのため、障害の少ないパナマを選んだのだった。パナマと聞くと、運河とタックスヘイブンの印象が強い。ただ、何となく陽気で豊かな国だろうと推測していた。しかし、実際に行ってみると面白い事実が見えてく

パナマ運河。できれば見学ツアーではなく、体験ツアーに参加したかった……

る。言語はスペイン語だが、なぜか通貨は米ドルが用いられている。この違和感が第一印象だった。パナマ訪問に際して運河を体験するツアーに申し込もうと数社調べたが、希望が叶うものが見つからない。実施される曜日が決まっている。さらに日本語対応ができて一人参加が可能なツアーには、かなり前からの予約が必要で曜日指定があり、高額の費用が求められた。仕方がないのでパナマ運河を体験するのではなく、英語ガイド付きの見学ツアーを選択した。詳細は割愛するが、パナマ運河の歴史や成り立ちはとても興味深いものがある。また、その規模と世界中に影響を与える意味の大きさは圧巻だ。現在は新しい運河も加わり、2系統で運営されている。パナマを訪問する際は、運河体験ツアーに事前に申し込んで参加することをお勧めしたい。見ているだけでも不思議な感覚を味わえたので、体験するとさらに広がると思う。

パナマには、もう一つの名所があった。首都のパナマシティの中心部から少し外れた、海沿いの場所にある旧市街地だ。私は、中心部に宿泊して旧市街地を訪問したのだが、パナマの風情を感じるには旧市街地に宿泊してノスタルジーを満喫し、その後に新しい街並みを見学するのがベストだ。高層ビルが立ち並ぶ新市街地エリアは日本でも珍しくないため、ここならではの感覚は生まれづらい。せっかく異国を訪れるなら、異文化を堪能できる場所に行くべきだ。旧市街地の中でも「ソフィテル・レジェンド・カスコ・ビエホ＝パナマシティ」というホテルが最高だ。私は食事しかできなかったが、次の機会があればぜひここに泊まってみたいと思う。

お土産には、旧市街地の専門店で売られている本物のパナマハットが良い。訪問時はその価値が分からず購入しなかったが、帰国後にどうしても欲しくなり、ネットで取り寄せた。本物のパナマハットとそれ以外を見分けるポイントは、素材と製法の違いである。本物は植物素材の織でできており、しかも伸ばして丸めて保管できる。広げることで復元し、ちょっとした箱に入れて持ち運びができる点が違いだ。専門店には、丸いケーキを入れるような箱だけでなく細長く四角い箱が数多く置かれていた。ハットなのに伸ばして丸めて入れても大丈夫な点が斬新だ。それに対して安いものは化学繊維で作られていたり糊《のり》で形を固めていたりするため、伸ばして丸めると型崩れして二度と使えなくなる。購入するなら、ぜひ本物を。

さて、パナマの現実を知るために私の経験を一つシェアしたい。旧市街地を含む案内に参加した際のドライバーさんの話だ。彼は40代で、二人の子供を持っていた。献身的にドライバー兼ガイド役をしてくれたのだが、何か様子がおかしい。話を聞くと、お願いがあると言う。ツアーの途中で子供を迎えに学校に行きたいと言うのだ。もちろんOKと答えたが、何となく違和感を覚えた。彼は学校の前に車を停め、二人の子供を迎えに行った。乗り込んできた子供は私にとても興味を持ってくれたようで、簡単な英語と挨拶程度のスペイン語でコミュニケーションを取った。詳しい事情は分からない。これがパナマ全体の現実なのか、彼特有の事情なのかも分からないが、大変な思いをして子育てをしていることは理解できた。パナマは想像とは違い、南米に比べると意外と明るい国ではなかった。私が接点を持った人々からの印象では、貧困とまでは言えないが生活の余裕のなさを感じた。政治的なものなのか、経済的なものなのか、はたまた国民性なのか。正確なところは分からないが、滞在中は窮屈さを感じたものだ。パナマはタックスヘイブンとして知られる国ではあるが、ヘイブンは勘違いしそうになるがヘブン（天国）ではなく回避地のこと。色々な意味で国民にとっては〝天国〟ではないようだった。こうしてパナマでの4泊5日の旅を終えて、私の20代前半からの理想郷であるアメリカ・マイアミに向かった。

K-POPに屈した夜　〜アメリカ・マイアミ〜

7月20日13時44分。コパ航空CM334便でついに最終訪問国であるアメリカのマイアミ国際空港に着いた。この旅も、残りはアメリカ国内の4都市のみ。それらを訪れたら、いよいよ帰国である。

マイアミには7月20日から27日まで7泊8日で滞在した。マイアミの後はニューヨーク、サンフランシスコ、ハワイの3都市に行けば私の「挑戦の旅」が完了する。ここまで来ると、道中抱えていたストレスの原因である宿や航空券の手配は完了していて、心配はない。せいぜいアクティビティの手配くらいだ。マイアミはとても広い都市なので、3カ所に滞在することにした。マイアミにやってきたのは、私が20代前半の時に見たアメリカのTVドラマ『マイアミ・バイス』の影響だ。

マイアミで宿泊拠点としたのは、マイアミ・ビーチとウィンウッド・ウォールズ、そしてドラルの3カ所。まずはマイアミ・ビーチに宿を取った。マイアミ・ビーチエリアは、マイアミの中心地から入り江のように海を挟んで縦長の島になっているエリアのことを指す。ビーチ専門エリアのような地区で、ザ・リッツ・カールトンなどの有名なホテルチェーンが立ち並んでいる。そこで瀟洒《しょうしゃ》なホテル泊を3日ほど楽しんだ。もちろん今回もバスツアーに参加し、街の観光スポットを一巡して全体像を把握する。次に、改めて行きたい場所やお気に入りのエリアを見つける。今回、マイアミでは三つの楽しみに絞った。次のようなものだ。

①　マイアミの文化を満喫する。昼のマイアミ、夜のマイアミ、そして深夜のマイアミをパトロールする。

②　サッカー観戦。アルゼンチン代表のリオネル・メッシがマイアミのサッカークラブ「インテル・マイアミ」に移籍してきた。しかも私の滞在中に、試合に初めて出るらしい。長年在籍したスペインの名門・FCバルセロナを去ってしまったためバルセロナ訪問時には叶わなかったが、ここマイアミでメッシの姿を見られるのだ。

③　ゴルフ。ドナルド・トランプ氏がアメリカ大統領になってすぐに、当時の安倍晋三首相はトランプ氏の元へ出向いた。そしてゴルフをしたそうだが、そのゴルフ場に隣接するホテルに泊まり、同じコースでプレイする。

マイアミは、予想通り物価が高い。500㎖入りペットボトルのミネラルウォーターが4～6ドルもする。ホテルの部屋では9ドルもした。日常品の高騰は、市民の生活を苦しめているだろう。それを感じたのは、ウーバーのドライバーの年齢だ。世界中でウーバーなどのライドシェアと呼ばれる、一般の人もドライバーとして働けるサービスが増えているが、ドライバーの大半が若者から中年だ。ところがここアメリカのマイアミでは、かなりの確率で60~70代と思われるドライバーを見かける。普通のおじさん、おばさんが運転している。高齢なので、運転には少し不安もある。ウーバーではトラブルなく目的地に到着できるように、スマホに地図とルートが表示される。そのルートに沿って運転するのだが、マイアミのある女性ドライバーは、地図は無視して自分流のルートを選ぶ。それがどれだけ差異があるのかは分からないが、ウーバーのルールよりも自分流を貫く。またある男性ドライバーからは、いわゆる加齢臭を感じた。日本から見るとアメリカ経済は絶好調のように見える。しかし、実態は厳しいのだろう。インフレ、物価高騰のダメージを受けるのは、収入が固定化している高齢者だということがウーバー一つを取ってみても分かる。

話は変わるが、マイアミにはいくつか特色のあるエリアがある。一つ目は、リトルハバナである。ここにはキューバ、ハイチ、コロンビア、ジャマイカなど中南米をルーツとする人たちが住む。その中で最も多いのが、キューバ人。キューバ革命の時期、1950年代に増えたようだ。この旅ではキューバを訪れることは叶わなかったが、その代わりにここでキューバの雰囲気を味わえる人やお店に出会うことができた。葉巻、パナマハットや家具、音楽などラテンアメリカの文化が色濃く残る街だった。

そして二つ目が、私がマイアミで2番目の拠点に選んだ街であるウィンウッド・ウォー

ウィンウッド・ウォールズエリアを舞台に、悲劇が繰り広げられた

ルズエリアだ。元々は危険地帯と呼ばれた倉庫街で、壁面が落書きで埋め尽くされていたが、逆にそれが価値になって新たにクリーンでクールな街に生まれ変わった。今回は、そこに新しくできたホテルに宿泊してきた。このエリアは、週末の夜、特に深夜ともなると若者たちで大いに賑わう。そんなエリアで起こった失恋話を紹介したい。

私の宿泊したホテルはとても洒落ていて、金曜日の夜は2階のオープンテラスがダンスクラブ（ディスコ）になる。多くの地元民、特に黒人たちが踊りに来る。19時頃から23時頃までノリノリで盛り上がる。私も遅れ気味ながらそこに参加して踊った。すると向こうからちょっと大きめの黒人女性が私を見ながらやってくる。何かいいことが起こるかも……。期待していると、彼女が話しかけてくる。

「あなたは、韓国人?」

私は、偉そうに胸を張って答える。

「日本人!」

その瞬間、彼女は日本のクレジットカード決済のCMのようにさっと身を翻《ひるがえ》す。

「じゃあ、いいです!」

「私は、韓国人しか興味がないの!」

そんな言葉を投げつけると、あっという間に立ち去っていった。原因は私なのか、日本人なのか――。日本人男性の国際的なモテ度は、さらに低下しているようだった。一瞬の出来事だったが、衝撃的すぎた。その後、周囲のクラブを3軒ほどパトロールして帰った。すでに午前3時過ぎ。パトカーが数台出ているが、至って安全な雰囲気。どのお店でも年齢確認とセキュリティチェックのためにパスポートの提出を求められるが、流石に顔パスの店もいくつかあった。ここマイアミでも性懲りもなく、ノリノリの夜を過ごした。

オシャレでポップな街、マイアミ。セレブの街というよりは、若者の街という方がしっくりくる。また、その後私が敗北を喫した韓国人の本気さを感じた。ここマイアミは、アメリカでありながら実質はスペイン語圏。それもあって、あえて中央アメリカの章でマイアミを紹介している。そんなマイアミで流行《はや》っている曲の中には、韓国人がスペイン語で歌うポップスがある。かわいい二人組の女の子がスペイン語のラップ口調で歌う『デスパ

世界規模のスーパースター・メッシのプレイを現地で生観戦できたのは一生の自慢！

シート』という曲のカバーだが、これがたまらなくカッコいい。韓国人のマーケティング、恐るべし。クラブで会った女の子も、カッコいい韓国人男子のK-POPにハマっているのだろう。

そしてサッカー観戦についてだが、無事メッシの試合を観戦することができた。チケットはネットで購入したが、日本円で1枚3万円とお高め。ゴール裏の席で通常は安いはずだが、メッシが入団したことで値段が高騰していた。メッシのプレイは素晴らしかったのだが、アメリカでのスポーツ観戦の注意事項をお伝えしておきたい。それは、スタジアムに持ち込む手荷物。ごく小さなバッグ以外は持ち込めない。安全上の問題だろう。私はご丁寧にリュックサックを担いでいたため入口で入れず、一瞬パニックになった。ロッカーに預ければ解決するのだが、そのロッカーはすでに全て利用済み。辛うじて見つけたクロークで、22ドル払って預かってもらい入場する。なんと2時間で約3000円。結構な値段だ。そう考えると、日本の色々なものの価格は世界水準ではない。今厳しいからといってみんなで節約人生を実践してしまったら、さらにデフレや貧困スパイラルになりそうだ。日本人よ！　自信を持って進もう！

なお三つ目の楽しみであったゴルフについてだが、素晴らしいコースでプレイできた。しかし「このホテルだろう」と当たりを付けて予約していたホテルとゴルフコースはトランプ氏の持ち物ではあったのだが、安倍元首相とトランプ氏がラウンドしたコースではなかったのだった……。

色々な文化や価値観の人々と過ごしたマイアミ。次は、もう一つの憧れの街・ニューヨークへ旅の駒を進めよう！

中央アメリカでの気づき

2023年7月16日～7月27日

■タックスヘイブンで知られるパナマは、事前に抱いていたイメージよりも窮屈そうな国に見えた。その理由は分からないが、貧困とまでは言えなくても、一般国民の生活に余裕があるようには思えない。彼らの行動を見て、それは感じた。

■タックスヘイブンのような仕組みは、国民の豊かさには影響を及ぼさないのかもしれない。一部の人たちだけにとっての恩恵かもしれない。

■アメリカはペットボトルのミネラルウォーター1つを取ってみても、物価高騰を感じる。その煽りを一番受けるのは、収入が固定化している高齢者だ。マイアミでは、ウーバーなどのライドシェアのドライバーさんにリタイア後の高齢者の人々をよく見かける。アメリカのインフレ、物価上昇は、高齢者の生活を直撃している。

■マイアミではK-POPが大人気。韓国人のマーケティングがハマっているのだろう。日本のエンターテインメント業界も、韓国の成功に学ぶべき。スペイン語で過去の流行歌をラップ仕込みで歌う韓国人の女の子たちの魅力に私も持っていかれた。

■その分、アメリカにおける日本人の評価が一部低下しているのかも……？　実感。

第七章

成長と発展の限界。病める大国・アメリカ

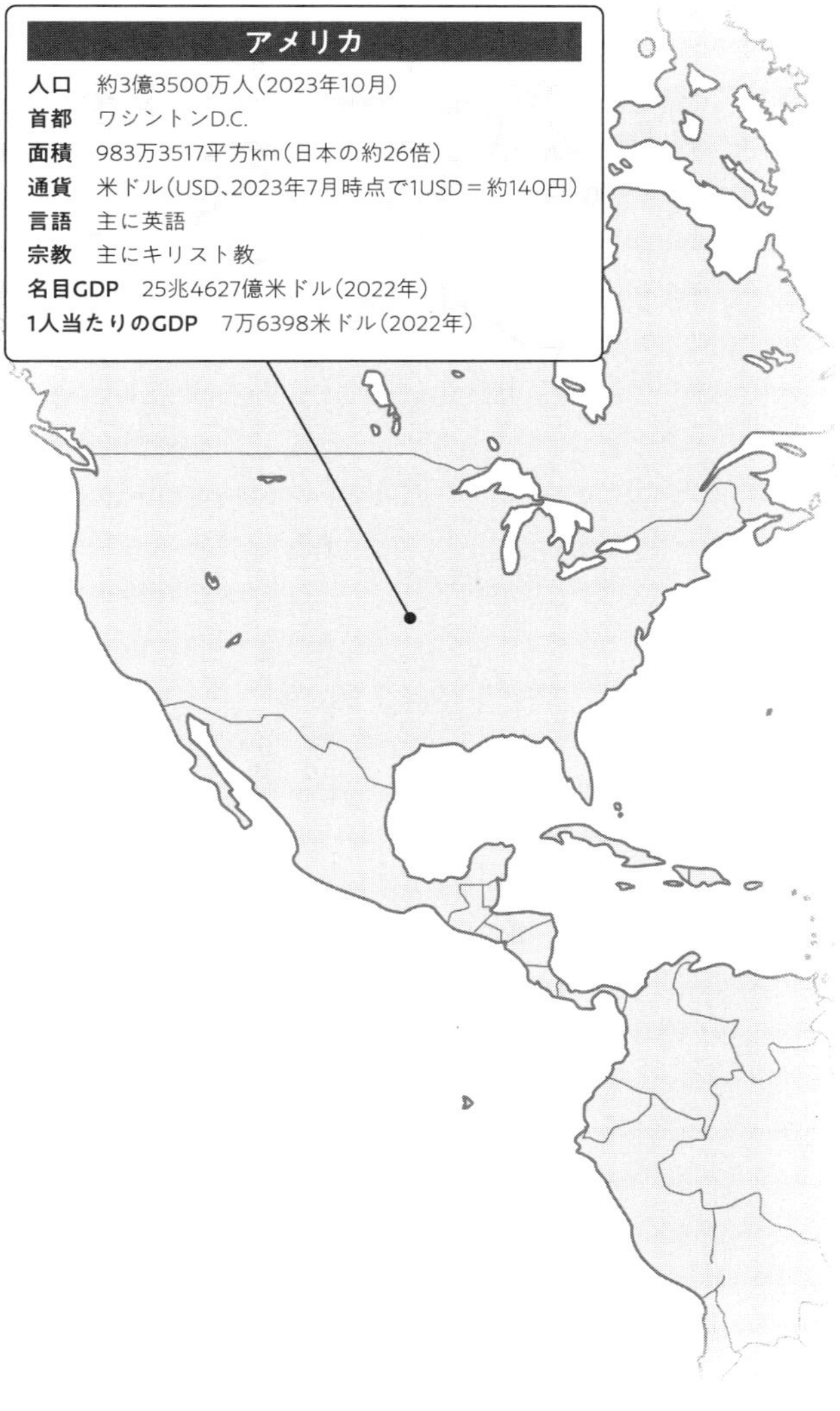

※外務省HPより。ただし通貨の日本円との為替レートは筆者調べ

かつて憧れた街の変貌
～アメリカ・ニューヨーク～

マイアミを出発し、無事ニュージャージー州のニューアーク・リバティー国際空港に到着。そこからバスでニューヨークの中心であるマンハッタンまでやってきた。リゾート気分の抜けていない私は、マイアミの空港で買った安いパナマハットを被っていた。7月27日から8月1日までの5泊6日でニューヨークに滞在する。

約30年前、サラリーマンを辞めて新たなビジネスを模索していた29歳の時に初めて訪れたニューヨークは、とても新鮮だった。雨に濡れながら一人ウキウキで歩いた5番街の感覚は、今でも忘れない。しかしその感覚は、今はもうない。この30年で私が変わったのかニューヨークが変わったのか、それは分からない。

さてまずはニューヨークでの宿泊についてだが、30年前からニューヨークのホテル代は高かった。今回はメリハリをつけようと思い、Ａｉｒｂｎｂによる民泊とホテル泊の両方を利用した。最初はハーレムにある民泊を利用した。アパートメントの1階の一室。ニューヨーク中心部から地下鉄で15分ほど離れたエリアにある。道に散乱するゴミは減っていたが、なぜか消火栓から大量の水が噴き出していた。誰かのいたずらだろうか。到着した日は木曜日。この日は穏やかな夜だった。

ハーレムは、30年前と比べて穏やかな街になっていた。とは言っても、どことなくやんちゃな住民は残っている。

ニューヨークでは、小学校時代の親友から予期せぬ要望を受けた。彼は当時4人家族だったが、現在では母と彼の二人きり。母君は彼の自宅の近くに住んではいるが、同居ではなく別に暮らしており、彼は毎日訪問していた。そんな母君も、年齢と共に一人暮らしが困難になってきた。彼は悩み抜いた結果、母君を施設へ預ける選択をした。記憶が遠のく母に何か刺激を与えたいと、彼女が60年前に住んでいたニューヨークの景色を見せてやりたいと考えていた。そのタイミングでの、私のニューヨーク滞在。彼の想いを代行すべく、ハドソン川沿いにあったというアパートメント探しに着手した。手がかりはアパートメントの名前と、セントラルパーク近くのハドソン川のほとりにあるという程度の情報だけ。ところが、その建物は簡単に見つかった。グーグルマップで調べると、すぐに出てきたのだ。私が宿泊していた民泊からも20分程度で行ける距離だった。早速向かってみる。

地下鉄の最寄り駅から5分程度歩くと、それらしき建物が見えてきた。想像の何倍も大きい。しかも重厚。おいお

親友の両親が60年前に住んでいた建物。あまりの規模と重厚感に驚く

い。彼の家族が裕福だったのは気づいていたが、彼の父は経営者というわけではなく会社員だった。当時、両親は30歳前後だったろう。会社から派遣される駐在員としては、当時最上級の待遇で行っていたことが窺える。

近くへ行ってみると、その建物はニューヨーク州が定める特定建物になっていた。ビルの入口から建物に入るとロビーがあり、管理人さんが常駐している。事情を説明するが、あまり良い反応ではない。仕方なく建物を出る。周辺エリアも含め、彼の要望である写真を撮って送る。母君の記憶を呼び覚ます助けになると嬉しい。建物の前に道路があり、渡るとそこからハドソン川までのエリアが公園になっている。きっと当時ご家族で歩いたのだろう。母君はここでの生活のことをよく話していたらしい。私の友人は、その光景を見ていない。その時はまだ母のお腹の中にいたということだった。それなりの枚数の写真を撮って送る。役に立てるといいな。逆にこちらが感謝する出来事だった。彼の母君に対する想いを察すると、涙が出た。

その後は、恒例のバスツアーに参加した。ここでも新たな出会いがあった。バスで一緒になったメキシコ人のチャーリー。兄が日本にいるらしい。彼は、サンディエゴで音楽活動をしていて、ドラマーらしい。フェイスブックで連絡先の交換をしていると、彼がある言葉を投げかけてくれた。

「私は、日本人をリスペクトしている」

嬉しい。彼の言葉で、つい数日前にマイアミで受けた黒人女性からの洗礼を上書きすることができた。

チャーリーから彼のバンドのCDをもらい、フェイスブックでつながった。この本が出版された際には、お礼として彼に本を贈りたい。

ニューヨークでも多くの人に声を掛けて話をしているうちに、あっという間に最終日。ここで、さらに願ってみた。ニューヨーク・ヤンキースの帽子が欲しい。ここでもスポーツ観戦をしようと思い、ヤンキースの試合を見に行った。ヤンキースタジアムは、マンハッタンから地下鉄で40分くらいかかる。私はロサンゼルス・ドジャースの帽子をパナマの空港で買って持っていた。しかしここはニューヨーク。ドジャースの帽子では、ばつが悪い。以前、息子とサンフランシスコへ旅行した際、当時中1だった息子がしでかしたことがある。パスポートを行きの飛行機の中で失くしてしまったのだ。そのため入国に大変な時間と手続きを要した。その際も私はドジャースの帽子を被っていた。するとイミグレーションの担当者からこう聞かれた。

「ドジャースのファンか？」

私は当然「イエス」と答えたのだが、すると「入国はNG」とからかわれた。ロサンゼルスとサンフランシスコは特に仲が悪いらしく、メジャーリーグのファンからすると、相

あっさりとヤンキースの帽子をゲット。本気で願えば叶うことをまた実感

当なこだわりがあるらしい。

こんな経験をしていたのでヤンキースの帽子を被って試合を見に行きたいと思っていたのだが、ここまで買うタイミングがなかなかなかった。どうせなら少し高くてもカッコいいのが欲しい。それなら球場で買おう。球場に入りチケットのバーコードをスキャンして入場しようとしたところで、願いが実現する。目の前の球場スタッフのお兄さんが私にヤンキースのロゴの入ったカッコいい紺色の帽子を手渡してくれたのだ。まさに欲しかった色、形の帽子そのもの。おいおい、また叶ったぞ。人間は、本気で願うとこんなにもツキを呼び込むのだ。その後のヤンキースの試合も上機嫌で観戦した。

ニューヨークでは、これまで行きたいと思いながらも行けなかったワールド・トレード・センターのツインタワー跡地にも行けた。２００１年９月11日に起こったアメリカ同時多発テロで倒壊したツインタワーの跡地だ。その広いスペースは、水のモニュメントとメモリアルミュージアムになっていた。大好きだったニューヨークは、価値の形と人々の

ツインタワーの跡地

価値観を変えていた気がした。ミュージアムの中にはその壮絶な事件、事故を物語るものが数々展示されていた。命懸けで救助に向かった消防士たちの物語も記憶に残る。今でもこの事件の謎や不明点が沢山残っているが、真実は分からない。ただ、命は永遠ではないということは分かる。命は、いつ終わりが来るか分からない。犠牲者の中には日本人も相当数含まれていた。

タイムズスクエアの景色も変わっていた。あんなにあった日本メーカーの広告は消え去り、韓国・中国メーカーのCMが超大画面から今にも飛び出しそうな勢いで流れていた。

日本は、このまま滅びるのだろうか？　いずれ遺跡と言われるような、廃墟になってしまうのだろうか？

旅は終盤。これまでにない危機感を覚えな

がらも、進んでいる。

次の街は・サンフランシスコ・シリコンバレーだ。そこでは、中小企業診断士仲間と合流する予定にしている。彼と会うために、出発後に旅を7日間延長することに決めたのはすでに述べた通り。彼がシリコンバレーの学会で発表を行うことが決まり、タイミングを合わせて合流しようということになっていたのだ。

旅の報告も含め、会うのが楽しみだ。

垣間見た大国の現実
～アメリカ・サンフランシスコ～

中小企業診断士仲間の名前は、小泉昌紀《まさき》さん。通称はMASA。NECに勤めるエリートサラリーマンだ。約20年前に中小企業診断士の資格も取得していて、日本のエリートの象徴とも言える男だ。年齢は私の1学年上である。海外赴任経験を10年近く持つ彼は、シリコンバレーで行われる学会発表者選出のコンペを勝ち抜き、ここにやってきた。彼は、私とは真逆の人生を送ってきた。それは、彼も同意している。彼曰く、「自分の人生では一生付き合わないと思っていた人間と一緒にいる」そうだ。私も42歳から8年間かけて挑戦した中小企業診断士の資格がこんな形で人生を広げるとは想像もしていなかった。中小企業診断士を取得する人の大半が、中堅から大企業出身のサラリーマンである。私のような中小企業の経営者はほとんどいない。中小企業診断士としての仕事を進める上で、彼らエリートサラリーマンは豊富な知識と業務を正確・着実に進める推進力を持ち合わせている。しかし、顧客となる中小企業の経営者についてはほとんど知らない。接点がないのだ。

それに対して私だが、約30年の経営者人生でほとんど中小企業の仲間としか付き合いがない。そんなＭＡＳＡと私は、互いにないものを補い合える関係になっている。８月１日、サンフランシスコ国際空港のレンタカーセンターでＭＡＳＡと合流した。見どころ満載のサンフランシスコだが、ここでは２泊３日と短い滞在となった。次はこの旅の最後の滞在地となるハワイ・ホノルルへ向かう。ホノルルでは娘と合流する予定だ。

サンフランシスコはゴールデンゲートブリッジやフィッシャーマンズワーフなど見どころ満載の街だが、今注目を集めるのはやはりシリコンバレーだろう。シリコンバレーはサンフランシスコ南部のサンタクララバレーに位置し、世界の技術革新と起業家精神の中心地である。元々は半導体メーカーが多く集まっていたことが「シリコンバレー」の名の由来だが、今は大手テクノロジー企業やスタートアップ企業が集まるハイテク産業のハブとなっている。スタンフォード大学やグーグル、アップルなどの本拠地が置かれていることでも知られる。

サンフランシスコではMASA（右）と合流して共に行動。まずはJETROへ

そんなサンフランシスコでの旅だが、海外でのビジネス経験が豊富なＭＡＳＡは、まずは私をＪＥＴＲＯに連れて行った。ＪＥＴＲＯはご存じの方も多いだろうが、正式名称を日本貿易振興機構という。日本と海外との貿易の架け橋となる、半官半民の組織である。ＭＡＳＡはここの駐在員との面会の約束を取り付けていて、シリコンバレーおよびサンフランシスコの最新情報を入手した。課題や問題点、そして今注目の企業の情報を得ることができた。中でも注目だったのが、空飛ぶクルマの会社・ＡＳＫＡである。この期待の成長企業の経営者は、日本人の女性だという。ＡＳＫＡはシリコンバレーに二つ拠点があり、一つはショールームでもう一つは本社だそうだ。

他にもサンフランシスコの不動産事情やコロナ後のグーグル、アップルの変化などが話題になった。これらの話を基に、午後からの見学先を次の5社に絞った。

①NEC X
②アップル
③グーグル
④メタ（旧フェイスブック）
⑤ASKA

NEC Xでは、MASAの後輩が活躍していた。主な事業は成長可能性のあるスタートアップ企業を見つけて投資することだ。その際はお金だけでなく、口というより手を出して業務遂行の支援を行っていた。シリコンバレー式のイノベーションを徹底することで成長、成功の確度を上げている。その肝は、徹底したマーケットイン思考である。顧客の困り事を収集し、自社が持つ解決能力や解決意欲の高さで解決することを行っていた。王道のビジネスだ。

アップル、グーグル、メタはテレワークで問題を抱えていた。大きな組織となった彼らは潤沢な資金を背景に本社の拡大を行ったのだが、コロナ禍により会社への出勤をしなくなった社員たちはコロナ禍が明けてもテレワークスタイルで会社には戻ってこなかったらしい。拡大した各社の本社は、今ガラガラだという。

そして最後にASKAを見に行って、衝撃が走った。最初はショールームに行ったのだが、残念ながらそこはカタログやチラシのような、機体が写ったポスターが数点飾られていたくらいだった。後から聞いた話では、ショールームはクローズすることになっていたようだ。

しかし、私たちはそこで諦めなかった。せっかくシリコンバレーに来たのだから、最新の土産話を持って帰りたかった。調べてみると、ショールームから15分ほど車で走ったところに本社がある。行ってみよう。車を走らせた。するとそれなりの広さの駐車場を持った平屋のオフィスがあった。日本のオフィス街とは違い、郊外のゆとりあるスペースに立っている。車を停めて建物に向かうが、人の気配はない。こちらもお休みか？　テレワークか？　入口から磨《す》りガラス越しに覗《のぞ》くと、数人の人影が見えた。チャンスだ。図々しくドアを叩いてみた。反応はない。諦めかけた時、ドアが開いた。アジア系の女性が出てきた。

「Can I help you?」

女性が声を掛けてくる。MASAがここぞとばかりに素早く対応する。話してみると、日本人であった。彼女は、自分がファウンダーだと言う。彼女こそが、世界的に有名なASKAの共同創業者でありCOO（最高執行責任者）のカプリンスキー真紀さんだった。報道などでは創業者の妻が日本人だとも言われているが、実際は彼女が創業者で旦那さんの方がサポーターだったようだ。ファウンダーは日本ではあまり馴染みのない言葉だが、アメリカでは「設立者」や「創業者」という意味でよく使われる。そんな彼女と立ち話ながら話をする機会を得た。彼女は開発している製品のコンセプトや大まかな開発の現状フェーズを教えてくれた。40代くらいの綺麗な女性だった。日本語だと「聡明」、英語だと「インテリジェンス」という表現が適切な、明るくてどことなく強気で魅力的な人だった。ここでも願いが叶っていく。

その夜は、サンフランシスコに住む女の子たちとMASAの5人で食事をした。触れていなかったのだが、実はペルーで訪れたクスコという古い町の夜は、マイアミ、バルセロナ級に熱かった。クスコにはマチュピチュを目当てに世界中から、若者からシニアまでが集まる。インカ帝国の首都だった名残を残す古い町並みが売りなのだが、夜は若者でごった返す。規模は特別大きくないが、それなりの人数が集まる。ここでサンフランシスコ在住だという女の子と知り合っていた。中国出身で、今はサンフランシスコで働いているのだという。会った2日後に帰るらしかった。私はこの後サンフランシスコにも寄るので、その時に合流して食事をしようと約束をして別れていた。

そんな彼女に、サンフランシスコに着く前に連絡をしていた。こちらは男二人だと言うと、ちょうど友達がニューヨークから来ているので連れて来てくれると言う。結局もう一人お友達が加わり、彼女とお友達二人と我々二人の5人で食事をした。彼女たちは全員中国出身で、勉強をして会計士の資格を取得してアメリカで働いているらしい。明るくフレンドリーで行動力が半端ない。元々お金持ちなのかと聞くと、そうでもないようだ。一種のアメリカンドリームに近い。ＭＡＳＡは英語ができて、女性の扱いも上手い。

旅のガイドのお礼としてご馳走《ちそう》させてもらうと、女性の一人が車で来ているという。ホテルまで送って欲しいと頼むと即座にＯＫしてくれて、彼女はパーキングから車を出してきた。白いオシャレなアウディだった。私は、嬉しくなった。生まれた国を離れ、努力して難関資格を取得し、異国で活躍する彼女たちを尊敬した。自分や今の日本の若者が海外に出たがらず、かといって日本でも十分に活躍し切れてもいない現状を打破したいと思った。

サンフランシスコでは、逆にご馳走にもなった。ご馳走してくれたのは、髙橋明希さん。髙橋さんは日本で最も人とお金を集めている自動車教習所の社長さんで、同じ学びの場で知り合った女性だ。努力と根性で４代目社長として会社をそこまで盛り立てた。３代目社長の父君にも大変お世話になっている。ここ数年は、国内の人口の減少を睨《にら》んで新規事業の開拓などを視野に入れつつ、シリコンバレーに拠点を作っていた。

そんな彼女と息子さんが、旅の応援にと私が宿泊するサンフランシスコの街まで会いに来てくれた。

最近のサンフランシスコの街や経済の状況を聞くと、彼女の口からは想像を絶する話が多く出てきた。治安、経済共に相当危ないらしい。しかし、振り返ってみると確かにその兆候はあった。

例えば私が宿泊した有名な五つ星ホテルでのチェックインの際の話だ。周辺の地図を渡された際、あるエリアをボールペンで囲んで渡されたのだ。「印を付けたエリアは危険だから行くな」と言う。これまで世界中で100泊近く宿泊してきたが、危険だと思っていた中東でも南米でも、こんなことはなかった。初めての出来事だ。しかも、一流ホテルの近くで。それがアメリカの現実だった。

髙橋さんはこの周辺の治安は最悪だと話し、さらに続ける。

「サンフランシスコの周囲をサンダルで歩いてはダメ」

私はこの話を聞いた時、理由が思い浮かばなかった。よくよく聞くと、その理由は落ちている注射針を踏む可能性があるからだそう。麻薬の使用が当たり前かのごとく行われているのがサンフランシスコの現実なのだ。そしてカリフォルニア州でのいわゆる万引き法案の成立で多くの有名店舗が撤退し、街がゴースト化している。何と、2022年にカリフォルニア州では950ドル（1ドル150円換算で約14万円）までの万引きは罪を問わないという、信じられない法律が成立したのだ。万引きが多すぎて捕まえ切れなくなったのがその理由らしい。

円安や日本株の低迷、未だに脱却できない日本の不況に対して、アメリカやヨーロッパの株高や通貨高は一見すると魅力的に見える。しかし、そこで生活している一般市民にとっては最悪なのだ。給与の増加分以上の値上がりの他、移民の増加などによる治安の悪化は、日本の状況以上に深刻だ。株価などの数字だけを見て、単純な思考でアメリカやドイツ、ヨーロッパを目指してはいけないと実感した。今こそ、日本なりの成長の在り方が問われる時が来ていることを感じた。

最終泊の夜は、MASAと二人でドライブ。ゴールデンゲートブリッジや世界一曲がりくねった坂「ロンバード・ストリート」などを巡っているうちに、サンフランシスコでの最後の夜が更けていった。

翌朝4時にホテルを離れ、いよいよ最終滞在地となるハワイ・ホノルルへ向かった。

最後は娘と合流。そして帰国 ～アメリカ・ハワイ～

8月3日、ついにハワイ・ホノルルへ到着。旅の最後にハワイ・ホノルルを選んだ理由は、家族からのリクエスト。世界一周の旅に出発するにあたり、最後はハワイで家族みんなと合流してから一緒に日本に帰ることを計画していた。しかし、スケジュールが合わない。さらに流石に費用をかけすぎだという苦情も浮上してきて、結果的に合流するのは中学1年の12歳の娘だけとなった。娘は、中学校に進学する際に私立中学校の受験を選択した。この受験は、彼女にとっても大きな挑戦となった。思ったような結果にはならなかったが、自分なりに納得をして第一志望とは別の中学校に通い出していた。この旅は、そんな彼女の希望を叶える旅でもあった。

私は娘とホノルルで合流することを待ち遠しく思っていた。これまでほとんどが一人旅だったため、誰かと何かを共有できることがとても楽しみだった。娘を連れてやりたいことや行きたい場所をリストアップして、予約もしていた。合流したのは、ホノルルのダニエル・K・イノウエ国際空港。娘は9時に到着し、私は11時半に到着する予定。私はサンフランシスコからの始発便に乗るが、どうしても娘より先には着けない。これが最善の選択だと思って計画した。ホノルルの空港に到着する時間差の部分は、レストランに入って待っていてもらう手はずだった。航空券を買うのには難航した。8月のハイシーズンだったため、日本で買うとANAで往復25万円。手が出ない。色々模索して、同じ便を約10万円で販売しているアメリカのウェブサイトを見つけた。しかし席は残っているが、買えない。理由を問い合わせてみると、12歳ではウェブサイトでは購入できないということだった。電話で受けてくれるということになったが、結局はアメリカのルール上NGになってしまい、ANAだと12歳でも引き受けてくれるということで、25万円のチケットを買うことにした。

私がホノルルに着くと、娘からすぐに電話がかかってきた。トラブルが発生していた。

彼女は飛行機を降りる際、パスポートを機内に忘れた。それを入国審査場に着く直前に気づき、係員さんに伝えて機内に戻った。パスポートは見つかったが、同時に12歳の女の子が一人でいることも判明することになった。アメリカでは、それはNGらしい。その後係員さんがつきっきりで彼女をサポートしてくれた。電話はその報告と合流場所の指定だったが、係員さんからちょっとした注意喚起も受けた。

現地では、娘の一言で大変な騒ぎになっていたらしい。「お父さんはどこから来るの?」という質問に対し娘は「分からない」と答えてしまい、日本からの飛行機を全て調べるが私の名前がなく、サンフランシスコから来ていると分かるまでに時間がかかったからである。

思いもよらぬ事態だったが、とにもかくにも無事に合流ができた。予約していたレンタカーを借り、空港からホテルへ向かう。親子の旅が、始まった。ホテルに着くと、まずはホテルのプールへ。子供には刺激的すぎるカップルがいて、父としてはちょっと困った。その後、アウトレットモールでの買い物ツアーに出発した。色々なお店を見て回るが、12歳にはまだ早いのか、特に何も欲しがらない。それどころかTシャツ1枚を買っただけで満足気だった。ある程度の出費を覚悟していたのだが、拍子抜けした気分だった。

翌日は、オートバイでのツーリングを企画していた。8時から17時までハーレーを借りて、オアフ島を一周する。フリーウェイを飛ばしたり海岸線を走ったりして、途中はガーリックシュリンプを食べたり、フルーツの加工食品で有名なＤｏｌｅのパイナップル畑を見に行こうか、なんて企画を考えて楽しみにしていた。しかし、夢はあっさり終了する。ハーレーでしばらく走ったところで、娘が言う。

「パパ疲れた。帰ろ～！」

え～もう？　そんな私の気持ちを余所《よそ》に、娘は続ける。

「ホテルでゆっくりしたい」

「バイク？　もう十分楽しんだよ」

時間はまだ11時だった。仕方なく島を半周弱だけ回り、ワイキキに戻った。この話をフェイスブックに投稿すると、同情の声のメッセージが届いた。ドイツでお世話になった澤田さんの息子の拓海くんだ。彼のメッセージには、私の思いに対する答えが書いてあった。

「投稿を読みました。なぜ旅行に来て動かすの、のんびりしたいっていうのが、少し前の自分を見ているようで、文章が刺さりました」

「今は旅行の時間やお金の価値を知っているから、旅行に行ったら見れるものは無理してでも見ようっていう考えですけど」

彼のそんなコメントが、とても的を射ていた。その人なりの価値観が形成されるまでは、何を提供しても同じだということだ。これは子供だけでなく私たち大人にも言えることだろう。この視点がないと、「こんなにしてあげているのに！」というような心境に

夢だった、娘とハーレーに2人乗りしてのオアフ島一周。しかし、夢は儚く潰《つい》える

なってしまう。与える側も与えられる側も、その価値と状態を知ることが重要になる。その後、娘とはゆっくりと時間を過ごすことにした。偶然同じ時期にハワイに滞在していた15年来の友人とも合流して夕食を共にした。

ハワイには日本人が多く来ている印象だったが、ハワイに住む日本人に聞くとコロナ禍前と比べてまだ30%程度しか戻ってきていないそうだった。逆にアメリカ人には今、ハワイは大人気だという。サンフランシスコの空港を出発する際、サンフランシスコ空港の日系のスタッフに聞いた。特にカリフォルニア周辺に住むアメリカ人を中心とした話だとは思うが、ハワイが旅行先として大人気らしい。ただアメリカ人にとってもハワイの物価は高いらしく、子供の多い家庭では、「ハワイに行くと破産する」というジョークが出るほどだという。ちなみに「ハワイに行くと破産する」人々は、メキシコにバカンスに行くようだ。隣の芝生は青く見えるものだが、実態はどこの国も変わらないのかもしれない。

娘とは、ほぼ何もしない旅をした。私も世界一周の旅の最後に、ゆっくりとした時間を過ごすことができた。娘とは普段一緒にいることが少ないだけに、宝物のような時間になった。そんな娘と8月7日、105日間の旅から帰国の途に就いた。

不思議と「早く帰りたい」や「まだ帰りたくない」などの感情は全くなかった。世界一周の旅を続ける中で覚えた日本の現状に対する危機感。それをどう伝えるかや、この旅での体験をどうやって生かしていくかの方が気になっていた。

アメリカでの気づき　2023年7月27日～8月7日

■ニューヨークのタイムズスクエアでは、かつて至るところにあった日本メーカーの広告は姿を消し、韓国・中国メーカーのCMに取って代わられていた。日本はこのまま滅びてしまうのだろうか。今までにない危機感を覚えた。

■しかし、「日本人をリスペクトしている」と言ってくれるメキシコ人に出会った。加えて日本に行くことを楽しみにしている世界中の人々とも出会えた。その理由を考え、大切にしていかなければならない。

■物価が高騰し、経済も成長し続けていると思われているアメリカだが、シリコンバレーを抱えるサンフランシスコの治安は悪化の一途をたどっている。五つ星ホテルの周辺で近寄ってはいけない場所があると注意を受けることなど、これまで訪れたどの国でもなかった。光と影の差があまりにも激しい。国の発展＝国民の幸福ではない。経済的豊かさの追求は、格差社会を助長し、治安の悪化や生きにくい社会を作り出す。

■またサンフランシスコでは薬物が蔓延《まんえん》していることが目に見えて分かる。株価高や通貨高は日本から見ると魅力的に映るが、その数字だけがその国の実態を表しているわけではない。

■日本なりの成長の在り方、成功の在り方が問われているように感じる。発想の転換や進む方向次第で、日本人は最も幸せな人々になれる。

終章

帰国後も〝旅〟は続く

世界一周の旅を終え、娘と2人でハワイ・ホノルルのダニエル・K・イノウエ国際空港から帰国の途へ。その後、2023年8月8日に無事帰国

「気づきの旅」は終わらない

2023年8月8日に娘と羽田空港に到着した。色々と仕事も滞っていたので、息つく暇もなく、すぐに日常に返っていくことになるかと思っていたが、案外そうでもなかった。帰国後も旅は続いている感覚があった。あちこちから、世界一周の旅の報告会のお誘いをいただき、旅を振り返りつつ話すという機会が続いたからだった。

よく聞かれたのが、「この旅を通して大きな変化があったのでは?」ということだ。「それぐらい大きなことをやったのだから」という言葉が裏にあるかのように。しかし当然のことながら、目に見えての変化などはない。では、何か変わったのか。私の中で変わったと感じるのは、知識や経験に基づく価値観や考え方だ。目に見える変化や成果は今後、時間をかけて表れてくるのだろう。「挑戦の旅」は、「気づきの旅」でもあった。この気づきが続く限り、私の〝旅〟は終わらないのかもしれない。

今後私はこの「気づき」を糧にして、以前はとらなかった行動や言動、あるいはできなかった発想から、日本の未来に対して貢献していきたいと思う。この原稿を書いている時点ですでに、出発から約1年が経っている。まだ道半ばではあるが、帰国後これまでに起こった価値観や行動、思考の変化と、今後期待する変化についてお伝えしたい。

物質的豊かさの追求を手放そう

～帰国後の気づき・その1～

帰国後の出来事で特に印象深かったのが、報告会でエジプトやマチュピチュなどで見た遺跡について話していた時のことだ。これらの遺跡は前述の通り、侵略により殺され滅んでしまった民族が残した繁栄の後の廃墟であるとも言える。今の日本の京都や鎌倉にある伝統的な建造物、あるいは都心に乱立するビル群もこのままだとそうなりかねない。そんな危機感についての話をした。

報告会の後、打ち上げと称した飲み会が行われた。お酒の勢いもあったのか、ある一人の経営者が私にこう言った。

「日本の危機は、俺も分かった。それなら、解決策を教えてくれ」

彼はさらに続ける。

「松井さんなら、中小企業診断士として解決策を持っているはずだ！」

飲み会の空気が、不穏めいたものに変わる。すぐさま周囲が諌《いさ》めてくれたのでその場はそれ以上の話にはならなかったが、この出来事を契機に私なりの見解も示すべきと考えるようになった。私に解決策を求めた彼も、今の日本に対して日々課題を感じ、苦しんでいたのだろう。自分の子供たちを含め若い世代に、どんな社会を残してやれるかを真剣に考えている。それ故に熱くなっての発言だったと確信している。では、繁栄のために何を行う必要があるのだろう？　まず思い浮かぶ解決策は「教育」だが、「教育」で社会を変えるには時間がかかる。新しい教育を受けた子供たちが大人になるまで、20～30年も待っていられないのが現状。今の日本には、即効性が必要だ。

ならば、何が解決策になるのか。私の結論は、マインドセットを変えること。つまり、発想や意識の転換だ。これならすぐにでも変われる。分かりやすく言語化することができれば、2～3年もあればすぐに世間に浸透するだろう。思考も発想も、言語化することで伝わる。あまりいい例えとは言えないが、「ハラスメント」や「メンタルヘルス」という言葉も昔からあった概念ではあったが、これらの言葉ができてから意識され始めて、急激に社会に広まった。私の仕事に関連するポジティブな言葉では、「自己肯定感」や「伴走支援」などが挙げられる。これらの言葉を聞いた人たちが、一言で概念を説明できるため便利だということですぐに使うようになり、あっという間に浸透した。シンプルで分かりやすい言葉ほど伝わりやすく、根付きやすい。

「気づきの旅」を終えて思うことは、日本人は物差しを変える時期に来ているということだ。これまで日本では時間の短縮・効率化が経済的に豊かになり、幸せになるための具体的な方法だと考えられてきたが、実はその逆の結果になっていることには意外と気づかれていない。例えばスマートフォンや、Ｚｏｏｍなどで行うウェブ会議。これらは会議のための時間の短縮には大いに役に立ったが、これによって実質的な労働時間、拘束時間はとてつもなく増えている。便利さは必ずしも人々に自由な時間をもたらしているわけではない。逆に自由な時間を奪っているケースさえある。

つまり、経済的豊かさや物質的豊かさの追求が時間を奪い、精神的安定や心の充足を奪っている。仕事の充実に加え、心の充足と人間関係の充足を実感できる社会を実現したい。日本で生まれ育った私たちが、「心の豊かさ」や「時間的豊かさ」が具体的な幸せの方法だと先に気づく人や国でありたい。経済的・物質的豊かさ＝幸せという従来の価値観からの解放が、日本と日本人にとってのこれからのキーワードになるはずだ。

ヨーロッパやアメリカ、そして他のアジア諸国では難しいかもしれないが、日本人にならできるかもしれない。世界を旅する中で日本が相対的に貧しくなっていっていることに危機感を覚えながらも、逆説的になるが、ある意味では世界中で最も豊かな国は日本だとも思った。帰国してから、改めて日本で暮らし、ありがたさを感じたことがある。どこにでも通じている道路や整備された交通インフラ、治安の良さ。生活保護を含めた社会保障の手厚さ。安心して夜道を歩け、落としたお財布がかなりの確率で返ってくる安心感。もうこれ以上の豊かさは、ありえない。これらは、GDP世界一のアメリカよりも断然整っている。なのに、日本人の幸福度は低い。ということは、本来人間が求めている幸せは、経済的・物質的豊かさや成長ではないのだ。それに気づかなければならない。

他国との違いを日本の強みに変えよう
～帰国後の気づき・その2～

厳密に言えば違うのかもしれないが、日本は基本的には単一民族による国家と言っていいと思う。そのためか国民の思想が近いため、同じ行動をとる傾向にある。良い部分を見ると、利他の国と言えるだろう。オリンピックやサッカー・ワールドカップの観戦に行った日本人が試合終了後にゴミを拾って帰るシーンの映像が世界中に流れている。誰かのために働く精神は日本だけではなく世界中にあるが、一体感を持って行動できる国は少ない。その分、悪意ある者から利用される危険性には注意が必要だが、利他の精神は日本人の美徳と言っていいと思う。

ニューヨークで出会ったメキシコ人のチャーリーが言ってくれた「日本人をリスペクトしている」という言葉。世界がこのように見てくれている風潮に、私たちは乗っていきたい。日本人は自分たちのことを無宗教だと考えている人が多いだろうが、実際は「八百《やお》万《よろず》の神」という神道の考えが日常生活に根付いている。私自身も、日本には多くの神がいると考えている。同様に神の力や運、ツキといった目に見えないものを信じる人々は世界中に多く存在することを、今回の旅を通して知った。そんな人たちは、日本にいると信じられている多くの神々についても興味津々《しんしん》だ。帰国後に仲間の住む和歌山を訪問した際に思いついたアイデアだが、日本の神々に興味を持つ外国人観光客を対象としたガイド付きの「神の国ツアー」を、地元の世話役的存在でもある彼に提案した。

この発想の基になったのは、イースター島での経験だ。「神の国ツアー」の価格設定は、一人につき参加費1万ドル。1万ドルは、日本円に換算すると2024年4月時点で約150万円。高いように感じるが、今世界では1万ドルは決して大きな金額ではなくなっている。日本では、この点を説明しないとなかなか理解してもらえない。

このツアーの対象としている和歌山県には、神社仏閣が多くあり、世界遺産にも登録されている熊野古道《こどう》もある。まさに「神の国」と呼べる場所で、大きな可能性を持っている。そんな場所は、日本各地にある。首都圏のリタイア組や、新たな居場所を求めてIターン就職する人や都会の生活に疲れた働き手が、その地域と言語を勉強してガイドになれば、地方創生にもつながる。都会で経済的・物質的豊かさを求めるのとは違う、もう一つの生き方を極めることができる。

世界各国と日本との違いをポジティブに捉えれば、新たなチャンスを生むこともできる。これも帰国してから得た「気づき」だ。

精神的貧困から抜け出そう　～帰国後の気づき・その3～

世界一周をして分かったのは、日本人の働きぶりは質、量とも世界と比べて劣っていないことだ。バブル崩壊後に経済が伸びないのは、働き手の質や量の問題ではなく発想や戦略の問題で、中でも一番大きいのは単純に仕組みの問題である。

最近では多くの人が気づき出したが、日本は多額の借金を抱える貧乏国家ではなかった。これは共通認識として広まり出している。国、政府にはとてつもない負債があり、それを子孫に残さないためにも増税が必要と言われ続け、バブル崩壊後に税金や社会保険料の負担が急増した。しかし実態は、国には借金とほぼ同等の資産があり、それほどの危機ではなかったことが分かりつつある。にもかかわらず「日本は貧困になった」と言われる理由は経済的貧困ではなく、自分たちを貧困と信じて自信を失ってしまい、大切な国や国民の資産を外資系企業に売ってしまったことにある。日本人ほど平均的によく働く国民は、世界を見渡しても多くない。なのに、専業主婦はいなくなり、夫婦総出で働いていて、経済的に安心して子供を産めない社会になってしまっている。これは仕組みに問題があることに気づくべきだ。発想の変化に伴い、社会の仕組みも変えることで、私たちはもっと豊かに安心して暮らせる。

しかし、精神的貧困から脱却するのは簡単ではない。世界一周の旅を続ける中でも実感する場面があったが、今世界の国々の物価と日本の物価が大きく乖離《かいり》している。例えばアメリカならコンビニでパンとコーヒーを朝食として買うだけで10ドル（約１５００円）かかる。一方日本では３ドル（約４５０円）もあれば十分だろう。３ドルで朝食を買える国は、先進国と言われる国を見るとほとんどない。

日本人は物価が上がらないことを良しとしている。物価が上がると、みんなで大騒ぎをする。しかし、それは間違いだ。値段を上げるというより、値段を再設定すると考えてみよう。もちろん、それに伴い給与も再設定する。内外価格差は3倍と考えてみるとちょうど良さそうだ。買うものや売るものの値段は3倍になるが、給与も3倍になる。世界的に見ると、日本の値付けは3倍すると大体世界各国の水準になる。あなたの売っている商品も3倍になったと想定し、収入も3倍にして考えてみよう。ちょっとした幸福感を得られ、お金を使おうという気分になるだろう。

また、もう一つ考え方がある。それは、日本も堂々とドルベースで価格を決めることだ。いずれのやり方にせよ、日本人は「値段を上げたら売れない」という恐怖から解放されなければならない。その恐怖は固定観念でしかないからだ。

上手くいっている国をお手本にしよう
〜帰国後の気づき・その4〜

私が見てきた国の中で、日本が参考やお手本にすべきと感じる国は二つあった。一つはイスラエル、もう一つがノルウェーだ。もちろん全てを真似るという意味ではなく、この2国には問題を解決するために日本にはない考え方ややり方があり、その点は見習うべきという意味であることはあらかじめお伝えしておきたい。

まずは、イスラエルから。「えっ」と思われる方も多いだろう。私の訪問当時はガザでの戦闘が起きる前であったが、起きた今でもそれ以外の部分で学ぶべき点が数多くあると思う。

イスラエルにはテロや紛争というイメージが付きまとうが、それは一部のことであり、私は今でもそう思っている。彼らの根底には「また国を失うかもしれない」という危機意識があるのかもしれないが、人生を楽しむという面においては日本をはるかに上回っている。休日に世代を問わず男女が仲良くテルアビブのビーチで楽しむ姿は、日本にはない光景だ。その原点には、男女共にある徴兵制があると私は推測している。イスラエルの人々の健康志向、起業家精神、国を大切に思う精神、男女の融合、身体を鍛える習慣、国家や社会の問題に気づき改善を考える姿勢、男女の平等とその違いに対する敬意。これらの美点は徴兵という制度の下に生まれてきている可能性が高いのではないだろうか。日本でも戦争のための徴兵ではなく、国の再構築という観点から国民総再教育制度を検討すべきだと感じている。

続いてはノルウェーについて。今のノルウェーの豊かさは、1960年代に北海油田を発見したことに起因する。1905年にスウェーデンから独立したのだが、その頃は寒冷な気候が災いし、農作物もあまり収穫できず貧しい国だった。しかし油田が見つかった後は、原油を販売して外貨を獲得しながらも、自国では原油を使わず以前から使っていた水力発電を主なエネルギー源にしている。原油で得た収入は教育や文化の発展、社会保障に使っている。世界的に有名な投資家が日本の復活要因を聞かれた際に「油田でも出ること」と皮肉を込めて言った逸話があるが、近年ではそれは皮肉ではなく現実になるかもしれない。日本近海の資源は莫大にあるという話も浮上している。

この二つの国を手本にすることで、大きなムーブメントが起こせると期待している。イスラエルの例からは、次の三つの変化を手に入れられると考えている。

① 日本に誇りを抱くと共に、日本という国の在り方を考え直す機会ができ、その結果投票に行く人が増え政治も変化する。

② 男女それぞれの価値に気づき、同じ仕事を分け合うのではなく互いに合った仕事をすることで、互いを尊重し合う新しい形の夫婦・家族の形が生まれる。それによって出生率にも変化が生じ、人口減少に歯止めがかかる。

③ 国の方向性が明確になり、起業やイノベーションが促進される。日本の方向性と経営者のビジョンが明確になる。

ノルウェーからは、国家としてのお金の使い方を学びたい。

私が行った「囚われ」からの解放 ～帰国後の気づき・その5～

人生100年時代。50代になった僕たちはどう生きるか。以前の50代は、明らかに人生の終盤。ピークを過ぎて引退や退職、人生の手仕舞いを考える時期だった。しかし、人生100年時代と言われる今では、まだ折り返し地点を過ぎたばかり。これから後半戦を迎える。考えなければならないのは、終活ではなく後半の活躍の場だろう。

私の40代は、中小企業診断士の資格取得に8年を要していた。多くの人は3、4年で合格するか、取得を諦めてしまうかのいずれかなので、8年もしぶとく粘る人間は少ない。私は10代、20代の頃は苦しいことからいつも逃げていた。面倒なことを先送りにしていた。しかし、40代になってくると先送りも流石に限界になる。今やらないと一生できなくなると思い始め、8年粘った末に無事資格を取得することができた。

思えば20代後半からは、人生の目標に一つずつ挑戦し始めていた。30代で独立して経営者になるという目標に挑戦し、40代ではフルマラソンに挑戦した。2006年、1回だけのつもりで初めて走ったハワイ・ホノルルでのフルマラソンは衝撃的だった。私とは別で来ていた経営者の先輩たちのグループに、その年10回目のホノルルマラソンに挑戦する大先輩の方がいた。そしてその方がやっていることを見て驚いた。超多忙な中10回も連続で来ることも素晴らしいが、毎年木曜日にハワイに到着し、そこからゴルフを3日連続で行い、日曜日にはフルマラソンを走り、翌月曜日にさらにゴルフとショッピングをして、火曜日に帰る。その方の生き方を見て、大きく心を揺さぶられた。

そして10年かけて自由なことができる環境を整えたと思ったら、今度はコロナ禍がやってきた。それでも53歳の時点で、世界一周の旅の行先と日付を決めた。独立して30年の間に、100年に一度の出来事が少なくとも3回はあった。リーマンショック、東日本大震災、コロナ禍……。そして今は、世界的なインフレと極度の円安に襲われている。経営者には常に不安が付きまとい、従業員も同様に不満がなくならない。「50代になった僕たち」は、与えられる側から与える側に移る。だから与えるだけの知識や経済力などがないと、ただの自称「偉い人」になってしまう。「偉い人よりすごい人になれ」とは、上手く言ったものだ。40代までは、どちらかと言うと年上の人から仕事を含め、「もらう」機会が多かった。しかし50代では、自分より若い世代からいかに学ぶかが重要になる。仕事の主流も変化する。過去に囚われていると、未来の繁栄は継続しない。60代を精一杯楽しむためにも、50代では一度囚われから自分を解放してみよう。

WORK SHOP【囚われからの解放】

1．もし、自分に制限がなかったら本当にやりたかったことは、なに？ （２からスタートしても良い）
2．あなたの行動を止めている制限＝囚われがあるとしたら、それはなに？ □お金 □家族（妻・夫・子供・親）□仕事 □目的 □能力の限界（言語ほか）□その他（　　　） 具体的内容：
3．やりたかったこと、その理由（1．は、なぜ、それをしたいのか）
4．その制限を解決、解放する考え方 ●お金： ●家族（妻・夫・子供・親）： ●仕事： ●目的： ●能力（言語・孤独）： ●その他（　　　）
5．実行・実現するための都合の良いルールを作る
6．もし、制限や囚われから解放されたらどうする？
7．まずは、最初の一歩は、なに？
8．感想

いざ、実行！　自らを解放して理想の人生を送ろう！

WORK SHOP【囚われからの解放】（記入例）

1．もし、自分に制限がなかったら本当にやりたかったことは、なに？ （2からスタートしても良い） 『世界一周の旅』
2．あなたの行動を止めている制限＝囚われがあるとしたら、それはなに？ ☑お金 ☑家族（妻・夫・子供・親）☑仕事 □目的 □能力の限界（言語ほか）☑その他（　　　） 具体的内容：業務が多忙な中、今で良いのか？
3．やりたかったこと、その理由（1．は、なぜ、それをしたいのか） ① 挑戦、経験値を上げる。60代への準備。 ② 人生を厚くする。生きている実感が欲しかった。
4．その制限を解決、解放する考え方 ●お金：売り上げや収入が増える機会を見逃さず投資や行動を起こす。 貯蓄くお金を使う重要性。 ●家族（妻・夫・子供・親）：3年前から紙に書いて家族にも見える場所に張っておいた ●仕事：働きがい改革を実現。 働く目的の共有をし、自分がいなくても回る仕組みを造る。 ●目的：人生を厚くする。後悔の無い人生を送る。残りの人生のネタ作り。 ●能力（言語・孤独）：どうにかなる。と信じる。 ●その他（　　　）
5．実行・実現するための都合の良いルールを作る 言語：羞恥心を捨てる。人の目を気にしない。 目的：仕事という物差しを人生という物差しへ変化。 お金で買えない価値を造る。人生を豊かにする。 お金：お土産と〇〇は買わない。スーツケースいっぱいの土産話を持ち帰る。 家族／仲間：有言実行。人に言ってしまう。行かないと言う選択肢を無くす。
6．もし、制限や囚われから解放されたらどうする？ 絶対に行く。行く準備を始める。
7．まずは、最初の一歩は、なに？ 世界一周堂さんのウェブセミナーに参加する。
8．感想 「やるなら今、行くしかない。」

いざ、実行！　自らを解放して理想の人生を送ろう！

自身のやりたいことに対して、その思考と行動を整理してみよう。226頁にあるシートに、227頁の記入例を参考にして、記入してみよう。

何かを「したい」「欲しい」と思った時、あなたならどうする？ 私なら、まず自分のマインドセットを整える。そして目的を達成したり、欲しいものを手に入れたりした時の気分をイメージする。それが腑《ふ》に落ちたら、後は自動運転でたどり着ける。

大切なのは、気持ちの整理だ。このシートを利用して、まずはマインドセットを整えてみよう。

世界一周の旅を始めた時も、終えた今もよく聞かれる質問の一つに「仕事は大丈夫？」というものがある。私が旅に出られた理由の一つに、我が社の推奨する〝働きがい改革〟がある。

〝働き方改革〟は、改善の手段。一方〝働きがい改革〟は、働く目的を明確にし共有することで仕事に対する意識と行動が変わる。これにより経営者と従業員の関係は労使関係から解放され、協力者という関係に変わる。問われるのは、各自の強みを通して組織と顧客にどう貢献するかということだ。自分らしさの追求が、そのまま仕事に直結する。

私の場合は「生涯現役」が軸になっているため、常に挑戦し続ける人生が求められる。この考え方の浸透が、私を快く送り出してくれた要因だと思っている。

ただ、「囚われ」と言われてもピンと来ない方が大半だと思う。そう、自分では気づいていない。それこそが「囚われ」なのだ。もちろん、私にもある。だからこそ、意識的に外してみることが大切になる。この機会に一旦「囚われ」があるということを前提にして、外してみてはどうだろうか。自身の隠れた可能性が見えてくるかもしれない。

ここでヒントになるのが、世界一周の旅を始める前に受けた、次の五つの質問だ。実は、旅の途中でも各国の人たちから同じ質問を受けていた。

①お金はいくらかかるの？
②誰と行くの？　言葉はどうするの？
③仕事は大丈夫？
④目的は、何？
⑤奥さんや家族は大丈夫？

これらの質問にはどういう意味があるのだろう？　よくよく考えてみたところ、ふと気づいた。これらは、質問する人自身が囚われている事柄なのだ。つまり①の質問をする人は、お金のあるなしに関係なく「お金」に人生を囚われてしまっている。②の質問をする人は旅先での言葉の問題、つまり「能力」に囚われている。③は分かりやすく、「仕事」に囚われている。④は「目的」。目的を見つけられず動けない自分に囚われている。⑤は「家族」だが、本来家族はあなたの応援団だ。「家族」と依存関係になってしまっているのは、不健全だろう。

「囚われ」と聞いてもピンと来ない人のためにも、私がどのようにこれらの「囚われ」から解放されて世界一周の旅に出かけることができたのかを、お伝えしておきたい。「目的」については、私の場合は常に挑戦し続ける人生が求められていて、旅はその一環であることはすでにお話しした通りなので、それ以外について触れたい。

■お金

出発後も想定外の費用が必要な場面がしばしば出てきた。そんな時は、お金より経験を選択した。今自分は、簡単にできないことをやっている。お金でそれを逃しては、もったいない。そう判断した。お金のあるなしではなく、自分がしたいかどうかを行動の判断材料にするべきだ。なければ集める＝願うと集まる、と信じることでお金が増える機会が見えてくる。人は必要性を認識しないと、機会が見えてこない。

■仕事

まずは、自分の使命や天命、価値に気づくことが大切だ。誰にでも揺るぎない価値がある。仕事とは単なる時間の提供ではない。自分が仕事において提供できる価値に気づくことで、自分の立ち位置やポジショニングが見えてきた。それにより自信を持って物差しを変えられる。「仕事」という物差しを「人生」という物差しに変えると、優先順位が変わった。旅に出ることが怖くなくなった。

■家族（妻・子供・親）

突然世界一周に出かけると言えば、大半の家族は反対する。いきなりの変化は、摩擦を生む。私は出発3年前に紙に書いて家族が見える場所に張り、自分と家族のマインドセットを整えた。一緒に行こうとも誘った。一方、親の介護。これは、タイミング次第。行動できる時に行動する。また、タイミングができたら考えるのではなく、事前に考えておく必要がある。人は基本的に、相手の希望を応援したい生き物だと思っている。重要なのは応援したりされたりする関係性を築くことだろう。家族間で最も大切なのは、あなたがイキイキと生きていることだと、私は思う。帰国し半年後、父がインフルエンザで倒れ、その45日後に亡くなった。旅の期間を外してくれたのだろうか……？

■能力（言学力、体力、知力、気力、年齢など）

人は難題に挑戦する時、自分の能力では不可能だと考えがちだ。体力、知力、気力、経済力、海外旅行の場合だと語学力も必要だ。目的があると、自然と普段から意識して鍛えることになる。逆に目的が無ければ、人は鍛えない。私の場合、優先順位は目的ややりたいことの明確化が上だった。後はそれに合わせて気力、体力、経済力が付いてくると信じた。語学面は、度胸と根性と笑顔とスマホで乗り切った。私の英語の先生に教わった「ゆっくり大きな声で、知っている単語で話せばどうにかなる」を実践した。

そして言語能力より大切なのが、笑顔だった。笑顔があればどこにでも入っていける。そこからは言語能力が必要となったが、いざとなったらグーグル翻訳などを駆使して乗り切れた。笑顔こそが、誰もが使える最強の武器だ。

そしてもう一つ大切だったことは、自らを理想の行動に導く、都合の良いルールを作ることだ。私の場合は「人の目を気にしない。羞恥心を捨てる」と「土産と誘惑には負けない」という二つのルールを決めたことが大きかった。このルールを決めたことで、劇的に行動の幅が広がったと言える。

残りの人生をどう生きるか。共に考えよう。「囚われ」からの解放には、トレーニングはいらない。必要なのは心の準備と、また「囚われ」てしまわないための計画と習慣付けだ。そのために、まずは自分の中にある「制限」「囚われ」を特定しよう。この際、それらしきものを全部挙げてしまうのがいい。

その次に、欲求を言語化し自分自身にインストールする。いわゆる腹落ちした感情を全身で味わう。その言葉を聞くとソワソワし、すぐにでも行動したくなる気持ちになれれば成功だ。

その後は、自分で言語化した欲求を勝手に削除・アンインストールしてしまわないためにも、プロテクトが必要だ。そのためには、後戻りできない状況を作ろう。私の場合、日付も含め紙に書いて家族が見える場所に張っておいた。また、人にも言ってしまった。実現しないとカッコ悪い状況を作ってしまった。最低10人には伝えよう。最初は、身近ではない人に伝えるところから始めるのもいいだろう。

ここまで来れば、後は「欲求」がインストールされた自分を信じて、人生を楽しむだけ。やがて実現のタイミングがやってくる。信じた者だけが実現できる簡単なワークだ。実現できる可能性は誰にでもある。しかし、本当に行動して実現するのは大方20％。その中に入るかどうかは、あなたの思い込み次第だ。先に紹介したシートを使って、自分の人生の「囚われ」を特定して、「欲求」に素直になっていただきたい。私の周りにも、すでに実現者が出てきている。

40代での生き方が50代を形成し、50代での生き方が60代を決めるのだと思う。20代までは、交通事故で亡くなる同級生が何人かいた。50代になると病気で亡くなる人間が出てきた。さらに子供が巣立ったり、親の介護が始まったりして、生活がまた変わるだろう。それまで子供たちのために生きてきた人生が、自分の人生を生きることを求められるようになる。仕事についても、大半の人は長年勤めていた会社での立場が一区切りつく。しかし、人生はまだ半分残っている。今現在、世の中の仕組みは70代で死ぬことが前提でできているが、実際には１００歳まで生きる可能性がある時代だ。まさに「どう生きるか」が問われる。

30代前半の頃、80代の祖母の誕生日に「おめでとう」と電話をかけた。てっきり褒められると思ったが、彼女の反応は真逆だった。烈火のごとく叱られた。「何が、おめでとうだ。お迎えを待つばかりの人生がどれだけ辛いか、お前には分からないだろう！」。想像もしていなかった返答に動揺した。しかし、その経験が私の人生時計を大きく変えた。それまでの私は、70代で人生を終える計画だった。しかしこれを機に、いわゆる私の人生時計の24時が70歳から１００歳に変わった。そして今では、１１６歳に変化している。人生は、やり足りなかったくらいがちょうどいいのだと悟った。

この世界一周の旅は、１１６歳の人生の折り返し地点だった。常に挑戦することを追い求める欲が、人生を楽しく生きる秘訣《ひけつ》だと改めて感じた。今は早期でのリタイアを求める人も多いが、私の場合は生涯現役ほど幸せなことはないと考えている。１００歳になった時、世界中で講演活動を行っていたい。その現地の言葉を覚えて講演する。そのためのネタは、挑戦を続けていないと作れない。

まだまだやりたいことや欲しいものが沢山ある。世界一周の旅は、後2回は行きたい。今度は、リッチに。憧れだったスーパーカーも購入しよう。ガレージハウスも必要だ。欲しいものを合計したら、４億円程度必要だった。ならば人々にビジネスとして貢献しなくては実現しない。そう考えるとワクワクする。やりたいことがある人生は幸せだ。日本人は、『アリとキリギリス』の童話に怯えている。最終的にはアリの方が幸せだと考える人が多いが、実はキリギリスも生き切れば幸せだ。今しかできない楽しみを重視しよう。

大人になった私たちの人生は、最高に楽しい。仕事も、これまでの経験で人の役に立てる場面が増える。もちろん、アップデートは常に必要だ。自分より若い人たちとの付き合いは重要で、そこには謙虚さが求められる。彼らから学ぶことはとても新鮮。彼らにとっても、先を走る私たちの行動に興味が高まる。どうせなら「あんな風になりたい」と思われることを目指したいではないか。

「囚われ」から自分を解放することで、可能性が無限大に広がった。50代になって天命を実感する。ここからが人生の本番と考える。上手くいかないことも多いが、それも大切な経験。それがないと喜びが半減する。さあ、50代からの人生も楽しもう。

おわりに

これからの人生が変わるような旅を実現できた。経験のないことに挑戦したことで起こった結果でもあるが、この旅の実現にあたっては多くの方々に協力をいただき、多大な影響も受けた。

渡航中は旅の様子を随時フェイスブックに投稿することで、多くの方が私の旅に興味を持ってくれていた。

「毎回楽しみにしていたよ」
「今どこにいるのか、ワクワクしながら気にしていたよ」
「全部見ていたよ。もう終わってしまうと思うと寂しいな」

このような嬉しいお言葉を沢山いただいた。メッセージをくれたご本人は気づいていない場合もあると思うが、私のこの旅は自分自身の力だけでは到底実現できなかったと確信している。家族を含めた目の前の人たちだけでなく、見えない力も加わり、多くの方々の協力で実現できたことである。ご協力くださった方々には、心より感謝を申し上げたい。また、世界中で出会った人のさりげない一言が私を鼓舞してくれた。結果的に願ったことが次々に叶ったり、命の危険などの大きなトラブルや忘れ物もなく、ほぼ不足ない状態で出発・帰国できたりしたことも、これまでになかったことだ。

私事になり恐縮だが、家族のことをお話しさせていただきたい。帰国して7カ月が経った2024年3月、まさにこの本の執筆中に、父が永眠した。2024年1月の終わりにインフルエンザA型に感染し、45日間入院した末に亡くなった。入院期間中、お見舞いにも通った。旅行中は元気だったのだが、帰国後突然の出来事だった。ただ、旅の途中だとお見舞いにも通えなかっただろう。最期の時間を一緒に過ごすことができたのは、幸せだった。

ところで帰国後に受けた質問で一番多かったのは、やはり「仕事はどうしていたの?」というものだった。この本でも簡単に触れたが、個別に詳細な準備を徹底したわけではない。これまでに考え方と仕事の仕方を変えていた。社長の指示で動く仕組みではなくミッション・ビジョンで動く関係性を進めてきた。コロナによって遠隔でのビジネスが一般化したのも功を奏している。具体的に述べ始めるとこの本の主題からは外れてしまうので、別の機会に詳しくご紹介したい。

旅の途中、本気で願ったことを次々と実現させてきたことは、読者の皆さんにはすでにお伝えしたかと思う。そのことを実証したくて、帰国後の報告会で「世界一周の旅をまとめた本を出版したい」と宣言していた。もちろんその時はまだ、本を出版するための道筋は何も見えていなかった。ところが報告会に参加してくれていた経営者仲間の釜谷正宏さんが、ちょうどその時著書を出版したところで、そこからまたご縁がつながって今回このような機会を頂戴することができ、世界一周の経験を本にまとめることができた。また一つ本気で願ったことを実現することができたのだが、次はこの成果をどう社会に還元して、どのようにして日本の状況を改善させるかを考える番だ。私にとって今後の重要な課題であるが、これも本気で願うことでまた叶えられると思っている。

本を書き終えて改めて思うことは、この世界一周の旅は、日本の現状と未来に「気づく」旅だったということだ。私を含む日本人が、今後幸せを感じて生きるためのヒントに気づくための旅だったと今は位置付けている。

最後になりましたが、世界一周の旅と今回の出版に関わってくださった皆さまとこの社会に、心より感謝いたします。最後までお読みくださりありがとうございました。

2024年5月15日

松井洋治

装丁◎一瀬錠二（Art of NOISE）
カバーイラスト◎藤井アキヒト
編集協力◎仁井慎治（エイトワークス）

〈著者略歴〉
松井洋治（まつい・ひろはる）
1965年生まれ、神奈川県横浜市出身。高校卒業後に何とか大学に潜り込む。大学卒業後は証券会社に入社し、７年勤務。そこでバブル経済の絶頂と崩壊を経験し、1995年に独立してパソコン出張指導を行い、1999年に株式会社ジャパンパーソナルコンピュータ（現・株式会社ｊＰＣ）を設立。日本の会社の９割を占める中小企業のIT化支援及び経営支援を行いながら、８年かけて中小企業診断士資格も取得する。ミッションは、「クライアントを次のステージに送り届けること」。今は自ら考案した経営者と従業員のズレを解消する独自の人事評価制度「働きがい改革」（商標登録出願中）を駆使して、「人生を制限から解放」して経営者と従業員の想いを実現することに注力している。趣味はゴルフとスノーボード、そして2006年から18年連続で参加中のホノルルマラソン。

お問い合わせやワークショップのご依頼はこちら

大人になった僕たちはどう生きるか
５７歳・現役の中小企業診断士が世界一周をして気づいたこと

2024年９月10日　第１版第１刷発行

著　者　松井洋治
発行者　村上雅基
発行所　株式会社ＰＨＰ研究所
京都本部　〒601-8411　京都市南区西九条北ノ内町11
教育企画部　☎075-681-5040（編集）
東京本部　〒135-8137　江東区豊洲 5-6-52
普及部　☎03-3520-9630（販売）

PHP INTERFACE　https://www.php.co.jp/

組　版　朝日メディアインターナショナル株式会社
印刷所　株式会社光邦
製本所　東京美術紙工協業組合

ISBN978-4-569-85761-9